奥黛丽·赫本
AUDREY HEPBURN

[英]标志性图像 / 主编

[美]劳伦斯·弗雷德 [英]诺曼·帕金森 [美]米尔顿·H.格林
[美]道格拉斯·柯克兰 [英]特里·奥尼尔 [瑞士]伊娃·瑟伦利 / 摄

许家桐 / 译

中国友谊出版公司

图书在版编目（CIP）数据

奥黛丽·赫本 / (英) 标志性图像主编 ; (美) 劳伦斯·弗雷德等摄 ; 许家桐译. -- 北京 : 中国友谊出版公司, 2022.12

ISBN 978-7-5057-5531-4

Ⅰ.①奥… Ⅱ.①标… ②劳… ③许… Ⅲ.①赫本(Hepburn, Audrey 1929-1993) —传记—画册 Ⅳ.①K837.125.78-64

中国版本图书馆CIP数据核字(2022)第120323号

著作权合同登记号 图字：01-2022-5662

书名	奥黛丽·赫本
作者	［英］标志性图像主编　［美］劳伦斯·弗雷德等摄
译者	许家桐
出版	中国友谊出版公司
发行	中国友谊出版公司
经销	新华书店
印刷	北京中科印刷有限公司
规格	889×1194毫米　16开
	18.25印张　190千字
版次	2022年12月第1版
印次	2022年12月第1次印刷
书号	ISBN 978-7-5057-5531-4
定价	168.00元
地址	北京市朝阳区西坝河南里17号楼
邮编	100028
电话	（010）64678009

版权所有，翻版必究
如发现印装质量问题，可联系调换

电话	（010）59799930-601

CONTENTS 目录

前言

———————————————————— 凯瑞·卡尼亚，*Iconic Images* 创意总监

如果你将21世纪的电影与摄影结合来看的话，那么会在这两者中发现一个名字：奥黛丽·赫本。

此前从未有过任何一个明星能像赫本一样被那些著名的摄影师青睐。高挑、时髦、慷慨，再加上过人的天赋，当摄像机的镜头对准她时，这位明星总是能迸射出光芒。赫本已经被 *Iconic Images* 赋予了传奇的地位，她的照片更是成了魅力与优雅的代名词。

在本书中，六位传奇摄影师拿出了自己珍藏的相册与我们分享他们宝贵的相片，这些经典、稀有且不为人知的照片有很多在本书中是初次出版。本书中展示的照片，是这位明星有史以来最令人难忘的，并且附有英国国家肖像馆的前策展人特伦斯·佩珀富有见地的采访内容。时尚摄影的先驱诺曼·帕金森，名人摄影大师道格拉斯·柯克兰和米尔顿·H.

格林，摄影记者劳伦斯·弗雷德，以及摄影师特里·奥尼尔和伊娃·瑟伦利，给了我们一个机会去了解他们是怎样看待这位明星以及如何与她共事的。

奥黛丽·赫本在伦敦的一个剧院开始了自己的演艺生涯。出生于比利时的赫本在 19 岁时搬到英国伦敦居住，在那里她没有放弃学习芭蕾舞，而且对在舞台上表演充满渴望。很快她就成为合唱团的成员，并在几部英国电影里略有露面。之后，她获得一个足以改变她人生的角色，那就是《金粉世界》① 的女主角。

《金粉世界》的作者科莱特亲自锁定了这位年轻的演员，甚至大声喊道："我找到心目中的琪琪② 了！"赫本迅速收拾行李登上去纽约的轮船并开始登台表演。在《金粉世界》开演初期她就获得了观众和评论家的一致好评，也是在那时候，22 岁的

---

① 此处的《金粉世界》是百老汇的舞台剧，和电影无关。（本书注释均为译者注）
② 《金粉世界》英文名为 *Gigi*，与女主角名字一样，中文译名为琪琪。

这世界上没有女人不想获得如奥黛丽·赫本般的容颜。

——于贝尔·德·纪梵希 [1]

赫本与 25 岁的纽约人劳伦斯·弗雷德相识，而他正在为几家出版社工作。1951 年，劳伦斯在纽约时代广场花了好几天的时间，仅仅是为了拍下天真无邪、闪闪发光的赫本。在这位冉冉升起的新星平凡的一天里，无论是去自动售货机买东西，还是在朴实无华的酒店房间里休息，或是在电视节目演出的后台和化妆间为使她成名的角色打造妆容的时候，劳伦斯都一直陪伴在她身边。这些极其特别的照片只被极少数人看过。在一次拍摄中，劳伦斯拍摄了赫本身着迷人的舞会礼服的照片。这次拍摄的照片大多已经随着时间流逝不见了踪影，仅有三张幸存下来，并且全部在本书中呈现，这也让我们能够一睹奥黛丽·赫本职业生涯早期的姿容。

作为一名开创了时尚摄影的写真摄影师，英

---

[1] 奢侈品牌"纪梵希"的创始人。

摄影师劳伦斯·弗雷德镜头下位于纽约时代广场的奥黛丽·赫本，摄于 1951 年。

国人诺曼·帕金森已经进入了他 70 年职业生涯的第 20 个年头。他的作品常常出现在当时最著名的杂志上，并且他是第一个将模特从摄影棚带到外景拍摄的摄影师。和劳伦斯·弗雷德一样，帕金森在那时也被叫去为赫本拍摄照片。在为这位迷人的新星拍摄照片时，他决定不使用当时主流的摄影棚幕布作为背景，并采用了彩色和黑白胶卷。当时，只有极少数赫本的照片刊登在深受读者青睐和赞誉有加的女性杂志——英国版的 Vogue 和

美国版的 Glamour 上。帕金森的照片旁还附有文章，宣称这位出色的新演员即将在电影中出演主角。

　　几乎在同一时间，《生活》（Life）杂志让米尔顿·H. 格林去拜访赫本。年仅 29 岁的格林刚刚开始自己辉煌的摄影生涯，而他的时尚摄影和名人摄影成就让他成为"彩色摄影的神奇小子"。他们初次见面时，格林为赫本拍摄了一组充满活力的照片。在这组照片中，赫本身穿《金粉世界》的戏服——

水手服和带有荷叶裙边的裙子，在格林的摄影棚里起舞。格林和赫本这对单身男女，被对方深深吸引并开始了一段短暂的感情。

随着《金粉世界》的成功，赫本接到了她第一部能够以女主角参演的电影——《罗马假日》。这部电影确定了她在国际影坛的地位，并且使她成为时尚巨星。杂志社争相刊登赫本的照片，她独特的衣着品位引领着潮流，也使为她设计服装的设计师家喻户晓。在《罗马假日》上映之后，赫本试图联系曾经在《金粉世界》中合作过的两位摄影师——诺曼·帕金森和她的旧爱米尔顿·H. 格林。

格林与赫本合作了两次，分别在两个非常不同的地方。第一次是在 1953 年，格林前往加利福尼亚州的马里布拜访赫本，那时赫本正在拍摄《龙凤配》。格林选择了彩色胶卷在沙滩上为赫本拍摄，海风吹拂着她那标志性的短发，还有那迷人的红唇，这一切都在格林的镜头下成为永恒。这些照片刊登在《看客》（Look）杂志上，并且赫本也被评为"年度最佳女演员"。1955 年，格林和他的妻子艾米去拜访了赫本和她的丈夫梅尔·费勒，那时赫本正在拍摄《战争与和平》，他们夫妻二人租了一栋迷人的房子。这栋房子是位于意大利拉齐奥大区的罗利别墅，院子里有一个烤箱，赫本和她的丈夫常用它来烘焙面包。

诺曼·帕金森也来到这里拜访赫本，他此行的目的是为了给英国版的 Vogue 拍摄照片。诺曼这次来为这对新婚夫妇展示了许多摄影的新技术，他在赫本的意大利家中还见到他们的宠物驴——宾巴。在这期间，帕金森为这位年轻的明星拍摄了彩色的写真照，赫本身着粉色的纪梵希晚礼服，站立在一面长满了紫红色九重葛的墙前。这张照片成为摄影历史上永远不可磨灭的传奇，赫本那女神般美丽的容貌也被记录在这经典的照片中。

在 10 年里赫本主演的影片如《龙凤配》《蒂凡尼的早餐》《甜姐儿》取得巨大成功，她成了世界上最上镜的女人之一。与此同时，两位新人摄影师十分渴望与这位超级巨星合作。道格拉斯·柯克兰因与玛丽莲·梦露共事而闻名，那时的柯克兰 21 岁，和帕金森一样拥有一间小摄影棚，他为赫本拍摄了一套写真以宣传新电影《偷龙转凤》。赫本再度穿上纪梵希的服装，在柯克兰优美的特写镜头下，这些写真注定会成为摄影界和这位演员演艺生涯中的重要照片。柯克兰在巴黎逗留期间也遇到了另一位年轻的女子——弗朗索瓦丝。柯克兰与弗朗索瓦丝迅速坠入爱河并成婚，两人结婚现已近 50 年，并且两人的事业合作关系也保持至今。

特里·奥尼尔凭借拍摄披头士乐队和滚石乐

队的早期照片一举成名，很快就成为一名在电影现场内外拍摄演员的抢手摄影师。奥尼尔拍摄的照片经常被当成即将上映的电影的宣传工具。在完成了第一部"詹姆斯·邦德"系列电影之后，奥尼尔马不停蹄地赶往法国为赫本的两部电影《偷龙转凤》和《丽人行》进行拍摄。这位摄影师记录下了电影的关键场景以及这位神态放松的演员。这次拍摄还造就了那张鸽子落于赫本肩头的经典照片。

在拍摄完《丽人行》以及《盲女惊魂记》后，赫本淡出镜头近10年的时间，她把精力投入自己的家庭以及慈善事业，尤其是在UNICEF（联合国儿童基金会）中。但是8年后，赫本重新回到聚光灯下并主演了电影《罗宾汉和玛莉安》。道格拉斯·柯克兰和妻子弗朗索瓦丝再度与这位明星合作，双方又创作了一系列非常清新活泼的写真。

随后几年的时间，赫本只参演了少数影视作品，她客串了备受赞誉的导演史蒂夫·斯皮尔伯格的新片《直到永远》。伊娃·瑟伦利作为一名特别摄影师，同时也是当时为数不多的女性职业摄影师，被叫到蒙大拿的拍摄片场。瑟伦利曾与斯皮尔伯格在电影《夺宝奇兵》中有过合作。她的镜头精准地捕捉到了赫本的魅力与优雅。岁月的痕迹已爬满这位女演员的面庞，她坐在树丛中勇敢地眺望着远方。《直到永远》是赫本最后一部参演的电影，这位偶像于五年后经历了短暂的病痛后去世，年仅63岁。

奥黛丽·赫本是一位史无前例的明星。与她合作过的六位摄影师——劳伦斯·弗雷德、诺曼·帕金森、米尔顿·H. 格林、道格拉斯·柯克兰、特里·奥尼尔和伊娃·瑟伦利，将以他们独特的镜头和视角为我们呈现这位美丽又闪亮的永恒明星。

与特伦斯·佩珀的访谈

TERENCE PEPPER

特伦斯·佩珀（因摄影及艺术方面的杰出贡献，
2002 年获大英帝国勋章；英国皇家摄影协会成员，2014
年获得杰出摄影服务奖），1978 年至 2014 年是英国国
家肖像馆的领头人。他曾策划了 1983 年"诺曼·帕金森：
时尚和肖像摄影 50 年"展和 2015 年"奥黛丽·赫本：经
典写真"展。

奥黛丽·赫本在由马里奥·赞比导演、英国联合影片公司发行的电影《天堂里的笑声》中扮演了一名卖烟女孩，摄于 1951 年。

电影《拉凡德山的暴徒》（1951 年上映）中的奥黛丽·赫本、亚历克·吉尼斯和威廉·福克斯。

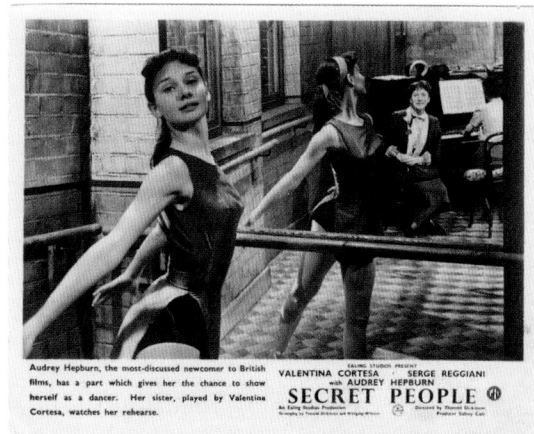

电影《双姝艳》（1952 年上映）中扮演年轻的芭蕾舞者诺拉的赫本与演员瓦伦蒂娜·科尔泰塞。

你第一次"看见"奥黛丽·赫本是在什么时候？你对她或者说对她的照片的迷恋，是从何时开始的？

翻阅我 1965 年的电影日记，那时候的我是个对电影痴狂的少年。我一丝不苟地把看过的电影编上条目，我发现我看的第一部奥黛丽·赫本的电影是《拉凡德山的暴徒》，我的学校在 1965 年的时候放映了这部电影。它当年的英国票房是数一数二的，赫本在这部电影开端即南美机场的一幕中有过短暂的出镜。她扮演的角色在这一幕中为男主角亚历克·吉尼斯提供了一支香烟，神奇的是，这与她的第一部英国电影《天堂里的笑声》（摄于 1951

年）十分相似。在这部电影里，她扮演的卖烟女孩说了简短的台词："有人需要香烟吗？"尽管赫本只有短暂的露面，但我在几十年后才发现 1951 年 3 月号的《ABC 电影评论》（*ABC Film Review*）的封面竟是她所扮演的卖烟女孩。（见第 7 页）

你是从什么时候开始收集奥黛丽·赫本的相片、剪报、明信片和杂志的？

我的第一个收藏对象是小时候在马来西亚收藏的各种汽水瓶的瓶盖。我 9 岁的时候被送到英格兰上学，记得回家后发现我的收藏已经全被扔掉了。

自那之后，我在 20 世纪 60 年代中期开始收集

奥黛丽·赫本与合作的男星威廉·霍尔登。

奥黛丽·赫本身着《龙凤配》戏服的宣传照。

披头士乐队的剪报，后来又转变成收藏明信片，再后来我就开始对摄影感兴趣了。奥黛丽·赫本的《龙凤配》明信片是我较早获得的收藏，尽管这张明信片是我在参观博物馆和艺术展时购买的复制品。

我第一次收集杂志是在70年代，当时奥黛丽·赫本是月度短时展览的封面模特。在"奥黛丽·赫本：经典写真"的展览上，我很高兴能挂上一整墙装裱好的杂志封面。这面杂志墙造成了巨大的社会影响，于贝尔·德·纪梵希在参观展会的时候问我能不能将这一整面墙的展品借给他，他想在自己的展会"把爱献给奥黛丽"上展示它们。不久后，这些杂志跟随纪梵希在海牙美术馆展出。

英国国家肖像馆举办的"奥黛丽·赫本：经典写真"展是如何开始的？

我很幸运能够担任40多年英国国家肖像馆的策展人（20世纪70年代至21世纪头10年）。回想起来，我才意识到奥黛丽·赫本的出现在那时是多么重要，在摄影写真史上，她是一个不可忽视且越来越重要的元素。

赫本第一批照片被藏入英国国家肖像馆是在1968年。那年，时任馆长罗伊·斯特朗爵士在肖像馆举办了他的第一个摄影展会——"比顿写真展1928—1968"。比顿的秘书艾琳·豪斯去世之后，30多张由比顿拍摄的赫本的写真被纳入

奥黛丽·赫本、安东尼·博金斯和赫本的宠物小鹿 Pippin（皮平）正在拍摄由梅尔·费勒执导的《翠谷香魂》（改编自威廉·H.哈德森的小说，于1959年上映）。

奥黛丽·赫本与两位舞蹈演员正在拍摄《甜姐儿》中夜总会的场景（摄于1957年）。该电影由希德·艾弗里宣传。

肖像馆收藏。

　　在我策划的150多个大大小小的展会中，赫本让我最难忘的是在1981年举办的第一次大型展览，那是一个纪念诺曼·帕金森（1913—1990）的生涯回顾展会。除了这一次，赫本也出席了英国国家肖像馆举办的其他大型展会，如"大英影星展"（1985—1986）、"回忆菲利普·哈斯曼展"（2001）、"比顿写真展"（2003）、"世界著名摄影展"（2005）、"安格斯·麦克宾写真展"（2006）和"欧文·佩恩写真展"（2010）。赫本在这些展会上出现时总是星光夺目，美得如此自然，被她迷住仿佛是万物规律般不可避免。

　　截至2013年，我已经组织了超过150个展会，我想在65岁退休之前再办最后一次展会。在一次展览提案会议上，我提出了两个建议：第一个是举办"最佳《生活》展"，以展现《生活》杂志历史上最经典、最著名的照片；第二个是举办一个展会，让人们了解奥黛丽·赫本是如何成为新世纪最著名的明星的，尤其是她在《蒂凡尼的早餐》（1961）中那最经典的造型。

　　桑迪·奈尔馆长被我的提议打动，但他也有所犹豫，因为他觉得我们手头的奥黛丽·赫本的照片都是世人皆知的，他希望我可以找到更多还未公布于众的照片。这对我来说是一个很好的挑战，我在

这是《蒂凡尼的早餐》（于 1961 年上映）的片头，奥黛丽·赫本正在望着蒂凡尼的橱窗的镜头。

这是奥黛丽·赫本在电影《丽人行》（于 1996 年上映）中派对场景的造型，她身穿帕科·拉班纳的金属连衣裙。

准备这项提案的时候就已经意识到了有许多未公开的相片存在。初步的研究发现，位于橘子街的英国国家肖像馆，20 世纪初到 50 年代曾是西罗夜总会的所在地，而赫本也在这里跳过舞。显然，我们和赫本非常有缘。

向赫本的家人求取她的物品（用于展览）是非常重要的。幸运的是，我在维多利亚与艾伯特博物馆举办的一次活动中遇见了赫本的儿子——卢卡·多蒂。他和他的哥哥肖恩·赫本·费勒都对这个展会表现出极大的热情，并同意我们在一周内访问他们的母亲位于圣莫妮卡的档案馆。后来，我与卢卡·多蒂和他的家人成了好朋友，我们在海牙的纪念梵希展览会、伦敦的慈善活动和荷兰阿纳姆展会（展示了战争时期赫本在被德国占领的荷兰的生活）上都见过面。

圣莫妮卡档案馆被极其专业且出色的管理员打理得井井有条，书籍和剪报册排列齐整，赫本参演的电影也按顺序摆放着，还有写真集以及任何你能想到的与赫本有关的物品全都在这里被很好地保存着。

圣莫妮卡档案馆提供了近一半的展品，其中很大一部分重要的展品都是那些著名的摄影师（如：欧文·佩恩、理查德·阿维东、诺曼·帕金森、马克·肖和巴德·弗雷克）送给赫本的照片。因为档案馆已经制订了部分出售计划，所以时间紧迫，这让展会的工作进展十分迅速。

"奥黛丽·赫本：经典写真"展于 2015 年 7 月举办并得到各界好评，这次展会也突破了英国国家肖像馆波特馆的参展人数纪录——126687 人。

你在英国国家肖像馆的工作经历使你遇到很多如诺曼·帕金森这样的著名摄影师，甚至你还和他们共事过，在这本书里你最欣赏哪位摄影师？你可以向我们多透露一些和帕金森工作的细节吗？能不能和我们讲讲你在他的赫本珍藏里发现了什么？

我是在 20 世纪 70 年代进馆工作的。我策划了两次小型展会并从中获得了一些经验，然后提议举办一个关于诺曼·帕金森的展会。研究帕金森在 Vogue 杂志工作时期的资料时，我发现了一张特别吸引我的照片。这张照片摄于 1955 年，赫本在位于罗马郊外的农舍旁，坐在地上与一只小驴（后来我才知道这只小驴的名字叫宾巴）合影，那时她刚结束《战争与和平》的拍摄，正在休假。（见第 98 页）

奥黛丽·赫本为 Marshall & Snelgrove 拍广告而身着长裙，
由安东尼·波尚摄于 1949 年。

安东尼·波尚为赫本拍摄音乐剧《鞑靼酱》的定妆照，摄于 1949 年。

巴德·弗雷克为派拉蒙影业公司出品的电影《龙凤配》（1954 年上映）拍摄的电影宣传照。

另一个发现是一张摄于 1952 年的彩色照片，那是我之前从未见过的，也是从未发表过的赫本拍摄《金粉世界》的定妆照。我们为 1981 年的展会准备了两张照片，但由于限制，只有一张能够参展。摄于 1955 年的赫本与小驴亲密互动的照片成了永恒的经典，这张照片在藏入我馆后频繁展出。

你在寻找或收藏奥黛丽·赫本的照片时，有什么美好的回忆吗？

印象中最让我激动的一次收藏过程是我在易贝（eBay）上发现了两张极其珍贵的赫本写真，那是由拉里·弗雷德拍摄的，卖家是一位法国人而且他的要价极高。我买下了那两张照片，但我发现我对那位摄影师一无所知，更不知道他身处何方。经过我缜密的调查，发现他已经于 1983 年去世了，那时他才 56 岁，但他的两个女儿（帕翠莎·弗雷德和劳伦·温铎）都住在美国，而且拉里有一大堆未经整理的文件也存放在那里。过去几年与拉里的两个女儿的见面与通信让我们建立了牢固的关系，拉里那未曾公开的文件与档案或许是我最有价值的探索和发现。

在我职业生涯的大部分时间里，我一直试图追

由诺曼·帕金森为赫本拍摄的《金粉世界》带妆的全框照片，这张照片为了刊登在英国版的 *Vogue* 杂志上，经过了裁剪和放大处理。

寻安东尼·波尚（1918—1957）的作品，他曾是丘吉尔的女儿莎拉·丘吉尔的丈夫。安东尼死于自杀，他的母亲芙洛伦斯·恩特威斯尔（她在工作时使用"维维恩"作为自己的艺名）也是一名摄影师。当维维恩去世时，她没有留下任何遗嘱，这样一来，安东尼的作品就完全销声匿迹了。之后，当《奥黛丽·赫本：经典写真》一书开始下厂印刷的时候，一位叫斯坦·沃夫森的人联系了我，他说他找到了一些未曾公开的赫本的照片，是由安东尼·波尚拍摄的。有两张照片已公布在英国国家肖像馆的博客上，但是在书籍上出版这是第一次。（见第14页和第15页）

安东尼·波尚是第一位与赫本合作的英国职业摄影师。1949 年，安东尼跑到剧院的后台找到赫本，询问是否可以给她拍摄写真和请她做 Marshall & Snelgrove 的模特儿。一张赫本身穿《鞑靼酱》戏服的照片于 1949 年 9 月 14 日刊登在《速写》(The Sketch) 杂志上，而由 Marshall & Snelgrove 要求拍摄的照片则于 1949 年 12 月和 1950 年的 1 月分别刊登在《女王》(Queen) 和 Vogue 上。他们的摄影合作关系持续了好几年，甚至在赫本于纽约和意大利拍摄《战争与和平》的时候，他们还在片场有过合作。

与此同时，传奇的超现实主义和剧场摄影师安格斯·麦克宾想为赫本拍摄一组润肤乳的广告照片。麦克宾第一次见到赫本是在伦敦的西罗夜总会，那时他接到委托去为塞西尔·兰多导演的《鞑靼酱》拍摄海报封面。麦克宾发现赫本的外表和气质都很适合作为宣传广告的模特儿。他将场景布置得非常超现实主义，场景里还有两根古典风格的柱子，赫本被埋在沙子里，后来这张照片成了20世纪最为人熟知的照片之一。尽管当时赫本的名字并没有出现在这张照片上，但在全英国的药店和各大杂志的广告页上都能看见这张照片。在1985年的英国电影节上，英国国家肖像馆举办了一次"大英影院史展"，而我选择将赫本这张经典的照片展出。找这张照片的原版让我们头疼了很久，但最后我们在巴斯的英国皇家摄影协会找到了它。麦克宾给予我们复制这张底片和售卖其复制品的许可。多年以后，当我想策划一次以安格斯·麦克宾为主题的展会时，他工作室的一名助理联系了我。他在麦克宾的恩德尔街工作室保留了一张罕见的原版底片，英国国家肖像馆很幸运地获得了这个底片并作为他们的收藏。

在你的收藏中，哪件藏品是你认为最珍贵的？

在我收藏的奥黛丽·赫本藏品里，我认为最宝贵的是两张由巴德·弗雷克拍摄的《龙凤配》的宣

传照。我非常想要塞西尔·比顿于《窈窕淑女》（1963）片场拍摄的赫本与她的宠物狗阿萨姆在好莱坞骑着自行车的照片，还有特里·奥尼尔在《丽人行》（1967）片场拍摄的鸽子落在赫本肩头的照片（见第271页），若能纳入我的收藏，那就太棒了。

我离开英国国家肖像馆后，苏富比拍卖行的塞西尔·比顿工作室档案馆的策划人乔安娜·林曾多次找到我，希望我能帮助她和她的助理艾玛·尼古拉斯一起策划几个比顿的展会。第一个展会在伊斯坦布尔，然后在斯德哥尔摩，后来又到了马德里。那张赫本骑着自行车的照片与其他拍摄于《窈窕淑女》的照片在这些展会里脱颖而出。在马德里的展会上，主办方甚至打印了一张真人大小的复制品。

本书中出现的六位摄影师（弗雷德、格林、帕金森、柯克兰、奥尼尔和瑟伦利），几乎陪伴了赫本几十年的人生（从20世纪50年代出道，到1989年赫本出演最后一部电影《直到永远》）。从摄影的角度来讲，你是怎么看待赫本在镜头前的变化与成长的？

他们的作品几乎涵盖了赫本的整个演艺生涯，从1951年赫本成功在纽约的百老汇出演《金粉世界》到她的最后一部电影，由史蒂文·斯皮尔伯格导演的《直到永远》。我几乎看过这些摄影大师所有关于赫本的作品，但让我兴奋的是，当我去深度研究和

在 2017 年佳士得举办的奥黛丽·赫本拍卖会上，两位竞拍者分别是夏洛特·泰伊（手举 166 号牌）和肯达尔·布伦尼曼（手举 260 号牌），由特伦斯·佩珀拍摄。

探寻他们的工作室藏品的时候，经常会发现一些从未见过的照片，尤其是在诺曼·帕金森的工作室里。

正是他拍摄的奥黛丽·赫本的《金粉世界》黑白照片首次将赫本介绍给了英国版 *Vogue* 杂志的读者。他的工作室里有很多底片，起初我以为第 17 页的照片并不存在，尽管我知道有几张类似的照片。是我的同事兼研究员亚历克斯·安东尼发现了这张刊登在 *Vogue* 上强烈引人注目的照片。

Vogue 的读者不得不再等三年之久才盼来下一张由帕金森拍摄的赫本的照片刊登在这份杂志上。我此前研究过几次帕金森的作品，如今我拥有了观览他工作室和所有物品的许可权，数千张底片映入我的眼帘，我从未见过有人能将底片操控得如此有创造力。

1952 年，还是在纽约，我惊喜地发现了许多未曾公布和出版的照片。帕金森只为赫本拍了一个月，之后是劳伦斯·弗雷德找上门寻求合作，他也是在《金粉世界》演出期间找到赫本的。

弗雷德是一名拍摄黑白照片的摄影记者，他曾创造了一种独特的摄影风格，并在很大程度上影响了摄影史，其中"神奇小子"米尔顿·H. 格林就深受其影响。到 20 世纪 60 年代，道格拉斯·柯克兰和特里·奥尼尔的作品中也能发现这种风格的影子。

赫本与摄影师合作的诚信度非常高，她常常与他们保持数年的合作关系，如道格拉斯·柯克兰，他在 20 世纪 60 年代到 70 年代与赫本合作了多次。特里·奥尼尔在 20 世纪 50 年代末期开始崭露头角，他从一名舰队街①的摄影师转型为名人摄影师后，他的照片开始被各个杂志社高价购买。此外，他还在电影片场担任"特别摄影师"。然后，伊娃·瑟

---

① 舰队街为英国主流媒体的聚集地，是英国媒体的代名词。舰队街最后一个主流媒体已于 2005 年搬离舰队街。

肯达尔·布伦尼曼扮演正在为《罗马假日》服装试镜的赫本。

肯达尔·布伦尼曼扮演在《窈窕淑女》中身穿塞西尔·比顿设计的服装的赫本。

伦利撰写的一本以纪念一位从未被正视的女性电影片场摄影师的回忆录出版，使我能够看到更多伊娃拍摄《直到永远》的片场照片。

你觉得为什么镜头如此偏爱奥黛丽·赫本？

那些与赫本合作过的摄影师都不同程度被她的魅力折服。这些摄影师里有一位值得一提，那就是第一位与赫本合作的职业摄影师——安东尼·波尚（1918—1957）。波尚在伦敦剑桥剧院观看《靴靶酱》的时候，第一眼看见当时扮演唱诗班一员的赫本就被她深深迷住了。在他去世后出版的自传《聚焦名人》中，他花费大量笔墨写了整整一个章节来讲述他与赫本七年的友谊。当波尚第一次见到赫本的时候，他说道："我的目光深深地被那个唱诗班的女孩吸引了，她那眼睛如精灵般灵动，我几乎无法把目光从她的脸庞上移开……演出结束后，我来到后台，请求与'有着精灵眼睛的女孩'见一面。"

你见过很多的"赫本迷"，你是怎样遇见他们的？是在活动上，或是电视上，还是通过展会和社交媒体？

我举办的大部分展会都在 2000 年以前，那属于前信息时代，电脑和社交媒体还不怎么流行。过去，我们没有 eBay 或者互联网，所有事情的节奏都十分缓慢。而如今科技的进步给我们带来了全新的接触新事物的途径。在举办"奥黛丽·赫本：经典写真"展的时候，我通过互联网与那些我可能在现实生活中一辈子都见不到的专家交流，他们来自世界各地，比如莫斯科、旧金山，甚至巴西。其中有一位叫爱德华多·索萨的专家，他几乎能够辨认出所有赫本在公共场合穿过的衣服。

令我惊讶的是，有许多赫本的传奇粉丝都是在

2016 年 9 月，夏洛特·泰伊在 Instagram 上发布了一张她站在罗马斗兽场前的照片，她将自己打扮成赫本在《罗马假日》（赫本凭借此片夺得了奥斯卡金像奖）中的形象。

肯达尔·布伦尼曼通过修图软件将自己加进赫本与好友桃乐丝·布伦纳一同在希腊游玩的照片中，她穿着和赫本一模一样的裙子，系着同款腰带。

赫本去世后出生的，他们仅仅靠着留存在世的东西就能够对偶像如此了解。有许多人将自己装扮成赫本在《蒂凡尼的早餐》中扮演的霍莉·戈莱特的形象。在 2017 年 9 月 27 日佳士得 [①] 举办的赫本拍卖会上，我有幸遇见过几个这样的人，其中就有夏洛特·泰伊和肯达尔·布伦尼曼，这两位女演员致力于向人们展示如果赫本在千禧年出现，是如何穿衣打扮的。

肯达尔·布伦尼曼可能是我见过的最有创造性和表现性的赫本扮演者了，她能将赫本的黑白照片完美地用彩色形象再现出来。她自己做了一套赫本在《罗马假日》中穿的戏服，然后通过修图软件将自己加进赫本的照片中。布伦尼曼运用了同样的方法将自己加进赫本与自己的闺蜜桃乐丝·布伦纳在假日游玩的照片中，照片里她和赫本一样身穿一条波浪纹的裙子，脚踩凉鞋。在这张引人入胜的照片中，布伦尼曼还系着在拍卖会上购得的赫本的链式腰带，进一步彰显了她们共同的时尚审美。

夏洛特·泰伊居住在曼彻斯特，但她经常去别的地方旅行，尤其是那些与赫本有关联的城市。她作为一名 Instagram 的"网红"，坐拥 49200 个粉丝。她有一种魔力，能让大家相信他们看到的就是 20 世纪 50 年代的赫本。

尽管赫本于 1993 年过世了，但令人振奋的是那些出生于新世纪的年轻人不仅对她塑造的各种经典形象充满兴趣，也对她那完美的人格和慈善成就肃然起敬。

---

① 佳士得是一家拥有 250 年历史的英国艺术品及奢侈品拍卖行。

劳伦斯·弗雷德

LAWRENCE FRIED

劳伦斯·弗雷德（1926—1983），曾在赫本于纽约出演舞台剧《金粉世界》的时候与她合作。此处展示的许多照片此前从未出版过。

当事业蒸蒸日上的摄影记者弗雷德遇到后起之秀赫本的时候，他 25 岁，而她 22 岁。那是在 1951 年的纽约，战后这座城市的人口、艺术与文化都呈爆炸式增长和发展。赫本凭借着主演《金粉世界》崭露头角。弗雷德起初只是为她拍摄后台照片，也就是赫本在演出前准备戏服和化妆的样子。弗雷德不仅受到了他那些街头摄影师同行（如温诺格兰德、梅耶洛维茨和费恩格什）的影响，也被那些摄影评论家（如 W. 尤金·史密斯）感染，他想将赫本带到街头，去拍摄她探索城市的模样。之后，弗雷德拍摄了一组两位年龄相仿的年轻人在散发着魔力的纽约充满叙述性和故事性的照片。他的镜头记录了赫本在百老汇的灯光下注视着自己的名字、买长筒袜和在咖啡馆里喝咖啡时的照片。弗雷德记录了赫本最自然和最开心的样子。

作为一个富有魅力和幽默感的男人，弗雷德善于让自己的摄影对象处于放松状态以展现最自然的一面。他和演员们保持着密切的联系，在战后得益于退伍军人安置法，他学习了关于戏剧的知识。在纽约，他沉浸于学习世界戏剧知识，并为那些大师（如比利·怀尔德、朱尔斯·达辛、玛琳·黛德丽和英格丽褒曼）拍摄写真。但是作为一个刚走出"二战"战火的年轻人，弗雷德自然会被他的同龄人所吸引。很快，他开始为那些新生代的明星拍摄写真（如詹姆斯·迪恩、马龙·白兰度、保罗·纽曼、朱莉·哈里斯、

朱莉·安德鲁斯和雪莉·麦克雷恩）。他很擅长将拍摄对象的本质从本体中抽离出来，并在两者间创造出一种温暖又轻松的联系。因此，弗雷德的作品总是充满了自由和能量，他的拍摄对象在镜头前也总能像私下相处时一样，显得十分开心。

赫本很快就迎来了自己最受追捧的时代。在艰苦地熬过了德国占领时期和 1944 年的荷兰大饥荒后，赫本于 1948 年带着要成为芭蕾舞者的目标从荷兰搬至英国。可是，由于童年时期是在战火中度过的，战争早已在她身上留下了印记，急性贫血和呼吸道疾病一直在折磨着她。在被告知不具备成为芭蕾舞者的资质后,赫本转而将精力投入演艺事业。截至 1951 年，赫本在少数英国电影中出演了龙套角色（如《野燕麦》《天堂里的笑声》《拉凡德山的暴徒》）。

1951 年早期，赫本在英法合拍的电影《蒙特卡洛宝贝》中出演了一名小角色，值得一提的是，这部电影就是在蒙特卡洛拍摄的。著名的法国作家科莱特那时与赫本住在同一家酒店。科莱特与制片人吉尔伯特·米勒正在合作，致力于将科莱特的小说《金粉世界》搬上舞台。这部舞台剧的编剧是安蒂亚·洛斯。科莱特和吉尔伯特在寻找女主角的进展上感到绝望，因为这部剧的女主角不仅得有出色的演技，唱歌和舞蹈也必须出类拔萃。赫本的出现让科莱特感觉到这就是她心目中的琪

琪（女主角），而赫本也没有辜负这个角色。

这部舞台剧于 1951 年 11 月在百老汇的富尔顿剧院首次公开演出，直到 1952 年 5 月演出结束，《金粉世界》共演出了 219 场。这次经历是赫本在美国的一次突破。评论家被这位女演员的精彩表现深深折服，赫本也凭借《金粉世界》夺得了戏剧世界奖的奖项。但事实证明，戏剧的舞台只不过是赫本的跳板而已。与此同时，她被选为《罗马假日》的女主角，将与格里高利·派克演对手戏。这部电影于 1952 年的夏天在罗马开机拍摄，并在次年公映。派克知道赫本在这部电影中的演出会让她成为一名超级巨星，他坚持要让赫本的名字与自己一起出现在片名的上方。赫本在片中饰演的公主决心不以皇家巡视的方式而是用自己的眼睛一探罗马城，凭借这个角色，她完全可以赢得奥斯卡奖、英国电影学院奖和金球奖。

弗雷德是一位备受赞誉，赢得了无数荣誉，纽约摄影社最成功的传奇摄影师。他的作品刊登在《星期六晚邮报》、《生活》、《看客》、《科利尔》、《红皮书》、《巴黎竞赛》、《纽约时报》和 Vogue 等各种刊物上。至 20 世纪 70 年代早期，弗雷德是《新闻周刊》历史上为其拍摄封面最多的摄影师。他摄影涉及的领域从越战时期的照片到为音乐家（艾瑞莎·富兰克林、路易斯·阿姆斯特朗和伦纳德·伯恩斯坦）、艺术家（乔治亚·欧姬芙和安迪·沃霍尔）

和各国领袖（约翰·肯尼迪）拍摄的肖像照，十分广泛。罗伯特·肯尼迪选择了弗雷德拍摄的肖像照作为他的著作《寻求更新的世界》的封面，同样，弗雷德镜头下的约翰·肯尼迪的葬礼以及其悲伤的家人的照片也被永远地收录在史密森学会中。

赫本与弗雷德都在不该逝去的时候离我们而去，奥黛丽·赫本于 1993 年去世，享年 63 岁，而劳伦斯·弗雷德于 1983 年去世，享年 56 岁。但在弗雷德摄于 1951 年的照片中，我们可以看到这两位艺术家闪耀着青春，以及对成功的渴望。他们是那么才华横溢、充满活力，并对这个世界饱含爱意。

赫本在百老汇的
第一个角色——琪琪，使她
一炮走红。

三张刊登在 1952 年 3 月 23 日出版的《美国杂志》
（*The American Magazine*）上的彩色照片（第
23 页、第 27 页和第 28 页）。原版杂志的导读
这样写道："奥黛丽·赫本小姐是一位名副其实
的联动了全世界的人物，她有着荷兰和爱尔兰
血统，出生于比利时，在英国和美国名声大振。"
第 23 页展示的照片被当作那一期杂志的封面，
但有过裁剪处理，本书中展现的是原版照片。

在几天时间的相处中，
弗雷德的镜头捕捉到了那个
最自然、最兴奋的赫本。

Star Light! Star Bright!

"Captivating"
—ATKINSON, N.Y. Times

"Fresh and Frisky"
—KERR, N.Y. Herald Tribune

"Simply Grand"
—GARLAND, N.Y. Journal-American

"Vital and Warm"
—COLEMAN, N.Y. Daily Mirror

"Enchanting"
—WATTS, N.Y. Post

"Charming"
—CHAPMAN, N.Y. Daily News

"Beautiful"
—HAWKINS, N.Y. World-Telegram

Gigi introduces Audrey Hepburn, a young actress
of charm, honesty and talent who ought to be interned
in America. Hers is a fine piece of sustained acting,
spontaneous, lucid and captivating.
—ATKINSON, N.Y. Times

"Audrey Hepburn is exactly right as Gigi. She has
fresh and frisky as a puppy out of a tub . . . she has
all the authority and fire needed to carry the day.
—KERR, N.Y. Herald Tribune

"Audrey Hepburn plays the title role with great en-
thusiasm and makes 'Gigi' a charming fairy tale."
—CHAPMAN, N.Y. Daily News

"Audrey Hepburn plays Gigi with vitality, warmth
and freshness."
—COLEMAN, N.Y. Daily Mirror

"As Gigi, Audrey Hepburn is simply grand. She is
one of the reasons why Gigi is the season's best
comedy success. She has the something you can't be
without. She will go places. She will do things. Gigi
is a joy, funny without being vulgar, as Gallic as the
Eiffel Tower."
—GARLAND, N.Y. Journal-American

"Lovely young Audrey Hepburn is enchanting. She
brings a fresh quality of humorous innocence and
earnestness to the role of a Paris ingénue that are en-
tirely beguiling."
—WATTS, N.Y. Post

"Audrey Hepburn has unquestionable beauty and
talent and acts with grace and authority."
—BARNES, N.Y. World-Telegram & Sun

GILBERT MILLER presents

AUDREY HEPBURN in Gigi

A New Comedy by ANITA LOOS Adapted from COLETTE'S Novel
with CATHLEEN NESBITT · MICHAEL EVANS · JOSEPHINE BROWN
BERTHA BELMORE
Directed by RAYMOND ROULEAU

SEATS NOW ON SALE AT BOX OFFICE FOR NEXT 14 WEEKS

PRICES: Evgs. $4.40—Orch. $4.80; 1st Balc. $3.60, 2.40; 2nd Balc. $1.80, 1.20. Mats. Wed. & Sat. $3.60, 2.40—Orch. $3.60; 1st Balc. $3.00, 2.40; 2nd Balc. $1.80, 1.20.
$1.20 New Year's Eve — Orch. $4.80; 1st Balc. $4.80; 2nd Balc. $3.60, 2.40. (Tax included) Mail orders — please enclose stamped self-addressed envelope.

FULTON Theatre, 210 West 46th St., New York 19, N.Y. · Circle 6-6380

奥黛丽·赫本站在富尔顿剧院的宣传海报前，海报上写着"奥黛丽·赫本主演，《金粉世界》，热门喜剧"。富尔顿剧院位于纽约的第46西大街的210号，1982年拆除。《金粉世界》的演出于1951年11月开始，到1952年的5月结束，其间共演出219场。1952年6月，《时尚先生》杂志刊登了赫本的五张照片，其中第31页的照片也在其中，但杂志版的照片经过裁剪，那篇文章的标题为"注定的丑闻"。

赫本在时代广场拦下了一辆出租车。在那个年代，出租车的配色是芥末黄和红色。

赫本在 Horn & Hardart 自动贩卖式餐馆内。这个餐馆位于时代广场的第 46 和 47 大道中间，1912 年开业。曾经这种形式的餐馆在全纽约有 40 多家，最后一家于 1991 年关闭。

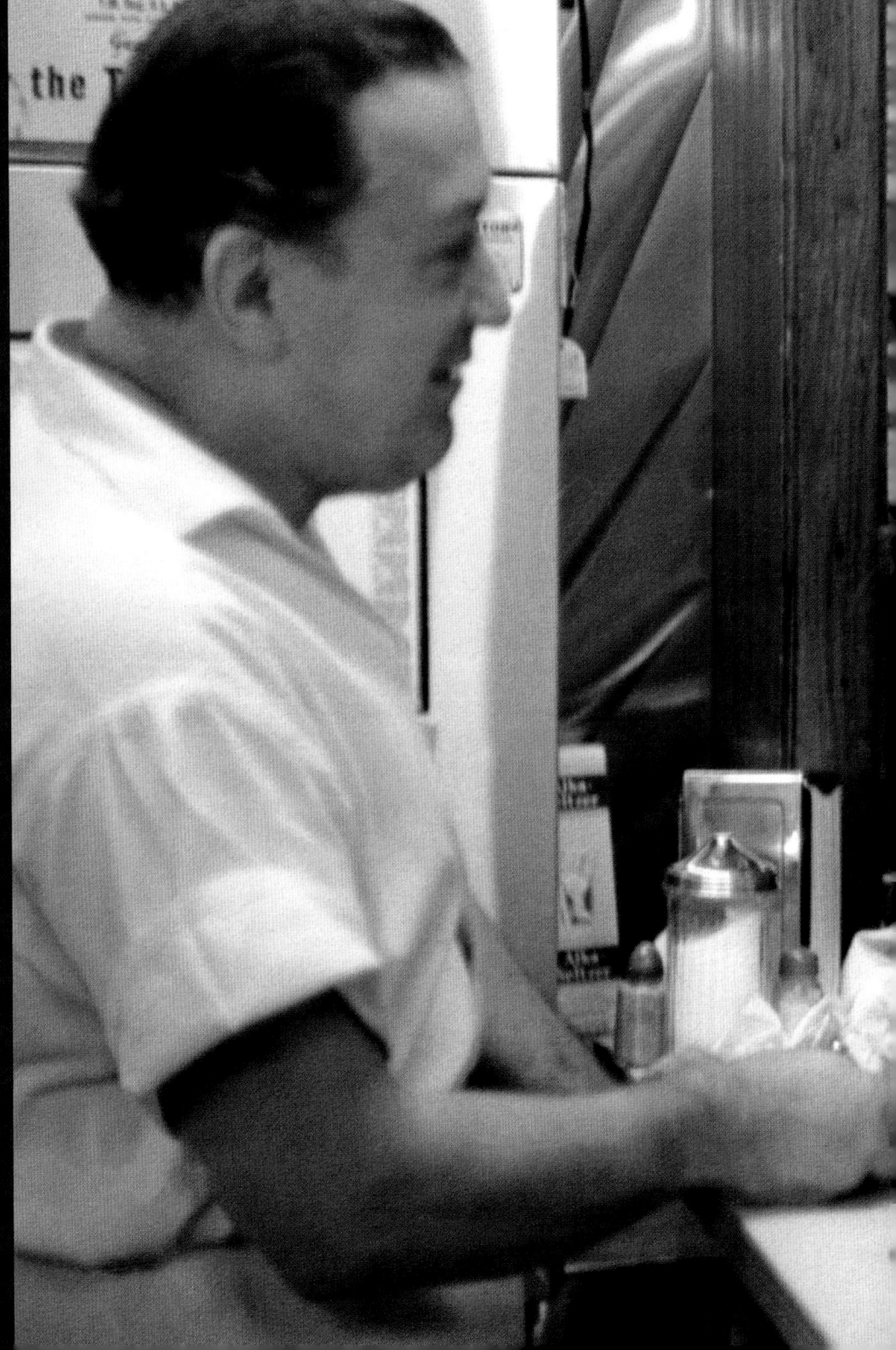

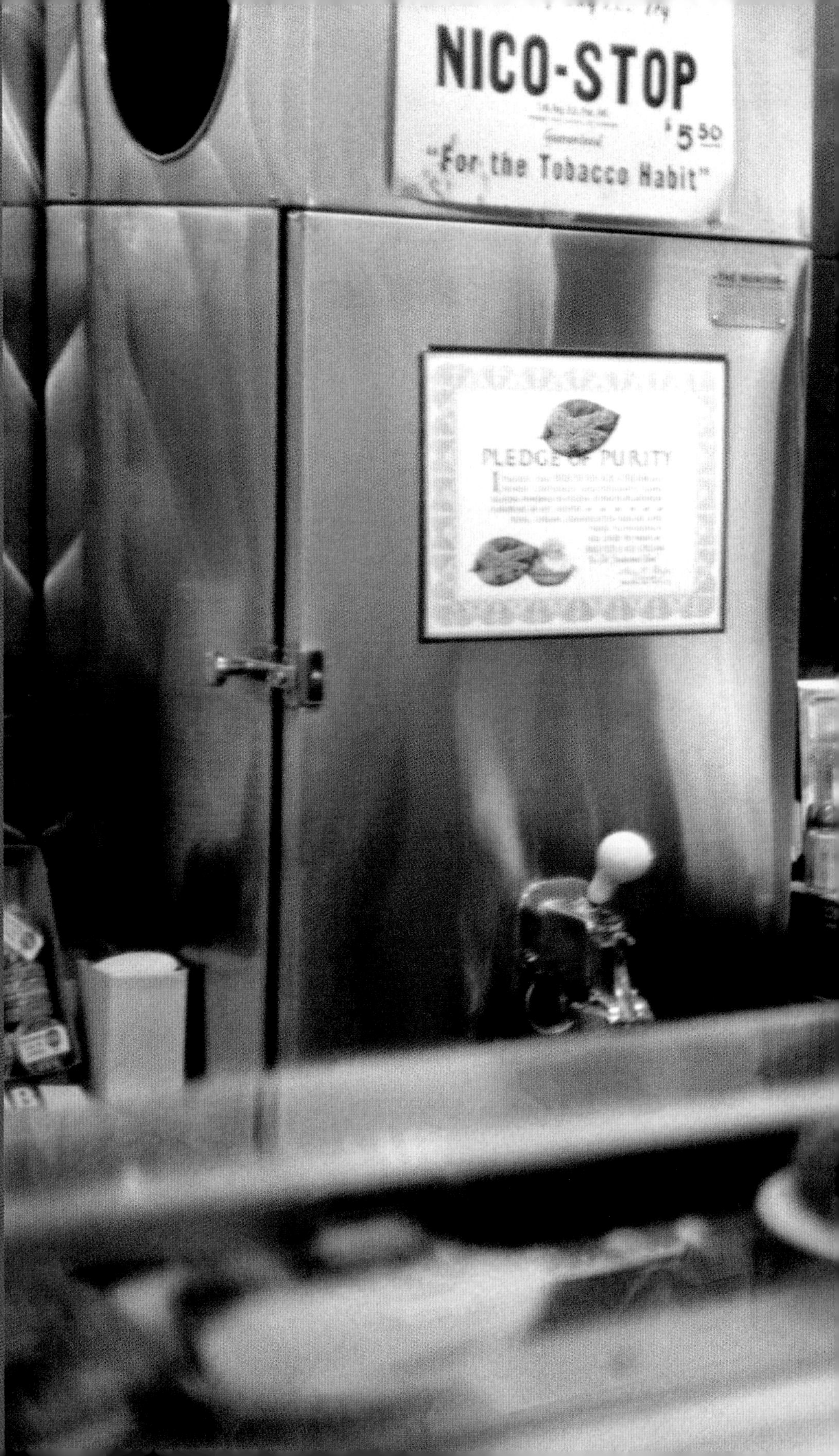
NICO-STOP
$5.50
"For the Tobacco Habit"
PLEDGE OF PURITY

1951 年 11 月 28 日，赫本与未婚夫詹姆斯·汉森在纽约帝国剧院参加电影《我是一部照相机》的首映礼。赫本与汉森订婚多年，但由于事业聚少离多，他们的婚约于 1952 年 10 月解除，那时正是赫本拿到《金粉世界》角色的前夕，但那年赫本还是与汉森共度了圣诞节并且保持了良好的友谊。汉森后来被封为爵士，成为汉森男爵。

赫本作为嘉宾参加了一档名为《特克斯和金克斯秀》（Tex and Jinx Show）的节目，这是第一个日间杂谈类节目。照片中的她与主持人特克斯·麦卡利在聊天。特克斯·麦卡利曾是一名记者，直到与演员兼模特尤金妮亚·林肯·"金克斯"·弗兰肯博格结婚，他才改行做了访谈节目主持人。

赫本与"金克斯"·弗兰肯博格在节目中。

奥黛丽·赫本与未婚夫詹姆斯·汉森
住在纽约的酒店里，她正目不转睛
地看着新闻记者埃尔·莫隆戈在夜
总会给她拍的照片。（摄于 1951
年 12 月）

"琪琪"是赫本在美国职业生涯的一次突破，令评论家们折服，她也凭借这个角色获得了世界戏剧奖。不过，时间证明了戏剧的舞台只不过是她的跳板而已。

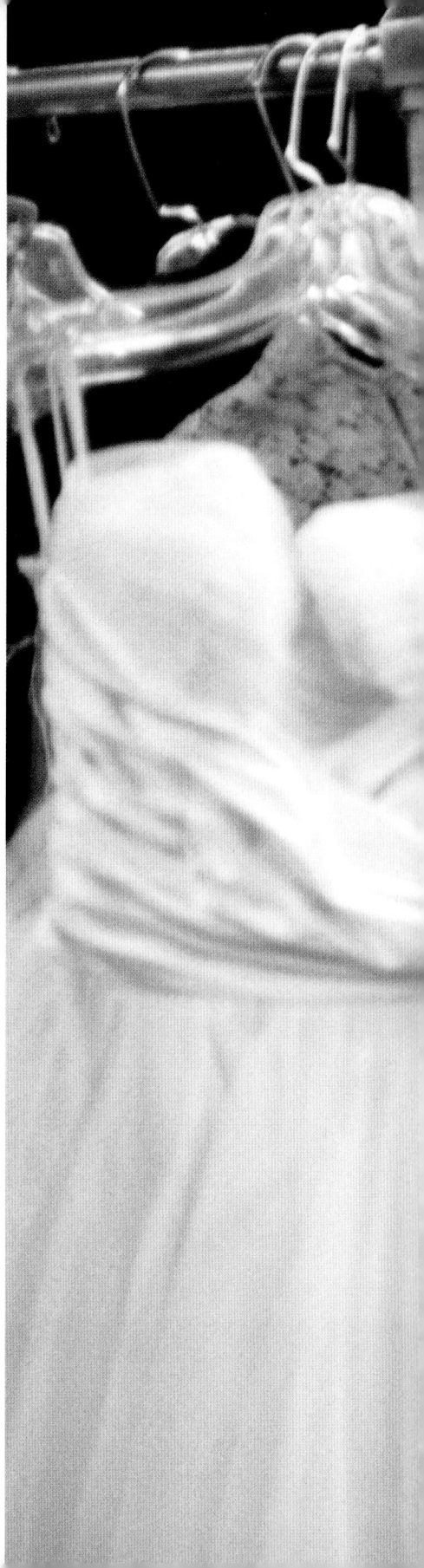

一组赫本在富尔顿
剧院后台的照片。

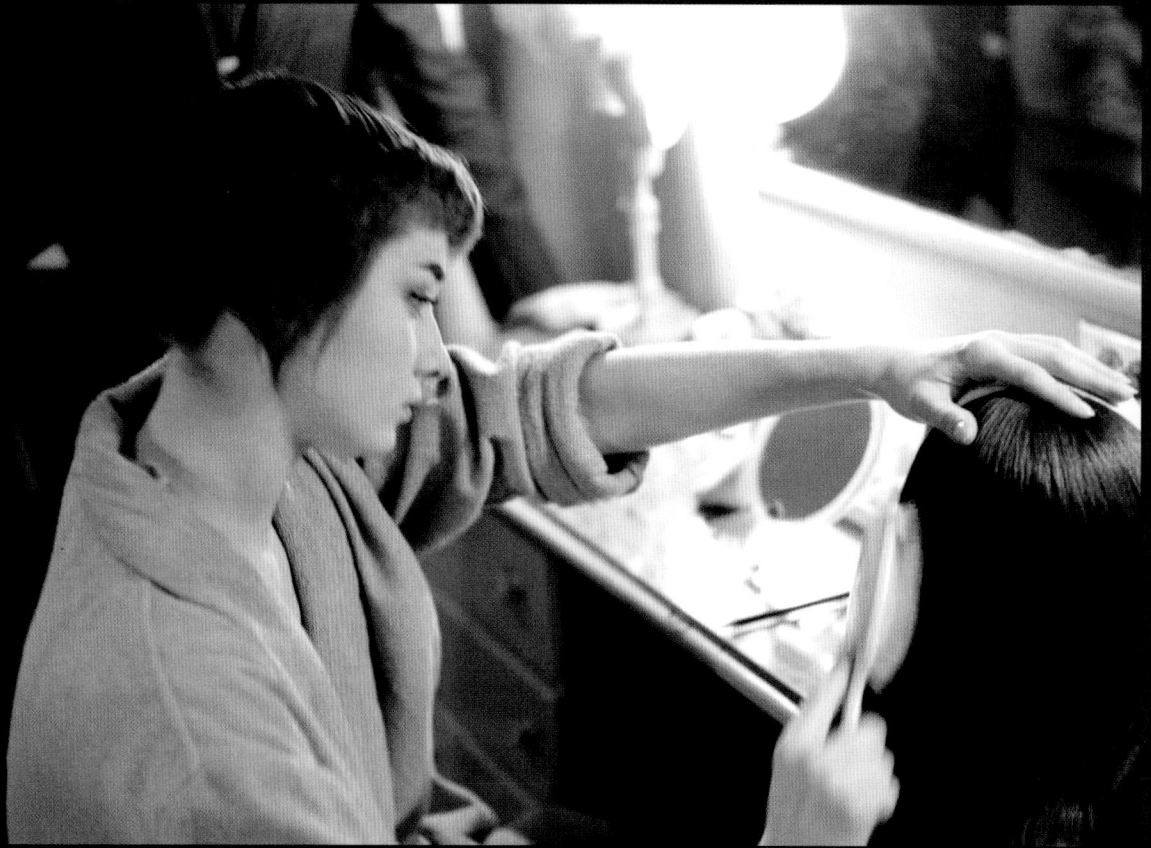

赫本将会成为
那个时代最著名的
女演员。

诺曼·帕金森

NORMAN PARKINSON

诺曼·帕金森（1913—1990）于 1952 年与赫本初次
合作，那时赫本在纽约刚刚开始自己的演艺生涯。三年后，
帕金森再度与赫本合作，那时的她已经迅速成长为国际
电影巨星。

在意大利切奇纳的阿尔班山上，樱红色的九重葛在春风中飞舞。一件纪梵希的午后鸡尾酒礼服轻轻拂过花朵，百褶裙从臀部垂至脚踝。是谁身着此服？是奥黛丽·赫本，她 1953 年因出演《罗马假日》的女主角而一炮走红。她即将开始拍摄职业生涯中最具标志性的照片之一。这位身穿粉色高级定制服装的明星陷入粉色花朵装饰的背景中，这张照片将成为优雅的代名词，全世界的粉丝都将把她与之联系在一起。是谁摄此照片？是诺曼·帕金森，一位在那个时代最出色且最具影响力的时尚摄影师。赫本如鱼得水。

照片拍摄于 1955 年 6 月的罗利别墅，这是位于意大利拉齐奥大区的一处风景如画的农舍。当时赫本为了拍摄金·维多导演的《战争与和平》（改编自列夫·托尔斯泰同名小说）而租了这所房子。帕金森受英国 Vogue 特稿编辑西里尔·休·琼斯的委托，拍摄了赫本和她的第一任丈夫梅尔·费勒的照片。梅尔·费勒也出演了这部电影，这是他们第一次共同出镜。赫本与费勒于 1954 年 9 月 25 日结婚，即将迎来他们的第一个结婚纪念日。拍摄后的几个月，他们在别墅里吃了一顿由赫本亲自准备的特别大餐。当时，赫本说："我曾经为工作而活。但如果必须在我的婚姻和工作之间做出选择，那真的别无选择。"

Vogue 中的两页版面刊登了帕金森的照片，事实上，这是这对年轻夫妇在这栋别墅里最轻松悠闲的时光。赫本身穿璞琪品牌的红白格子印花卡普里裤，与别墅里一只名叫宾巴的小驴一起拍摄照片。她把胳膊搭在宾巴身上，直视帕金森的镜头。在费勒的肖像中，他坐在那里，双手紧握，帕金森再次与拍摄对象创造出一种令人放松的亲密感。

帕金森的照片不仅刊登在英国版的 Vogue 上，这张照片在 1955 年也成了康泰纳仕旗下的杂志 Glamour 12 月号的封面，柯蒂斯·佩普撰写了一篇名为《奥黛丽·赫本：工作与爱情》的文章。在这张 Glamour 封面照片中，赫本穿着设计师纪梵希设计的浅米色无袖背心连衣裙，这条连衣裙来自 1955/1956 秋冬系列。为了配合这篇文章，在这些照片中，我们不仅能欣赏到帕金森镜头下的赫本与费勒，还有他们的小驴——宾巴。帕金森拍摄的照片展示了这位女演员人生中幸福美满的一段时光。当奥斯卡获奖影片《罗马假日》杀青后，赫本的合作影星格里高利·派克在伦敦举办了一场派对，并在派对上将赫本介绍给了费勒。派克在拍摄《罗马假日》时也曾住在罗利别墅，所以这也可能是赫本与费勒在意大利拍摄《战争与和平》的时候选择住在这里的原因。

对于诺曼·帕金森来说，在意大利的拍摄工作是与赫本的第二次合作。帕金森本名罗纳德·威廉·帕金森·史密斯，1913 年 4 月 21 日在英格兰罗汉普顿出生。他的父亲是一名律师，帕金森曾就读于威斯敏斯特大学，之后在法庭摄影师斯皮埃特的公司当学徒。这是一个偶然的决定，却造就了一段辉煌的职业生涯。他四处旅行，去拍摄当时最著名的模特、演员和音乐家。然而，在20世纪30年代早期，帕金森可能并不觉得这个爱好使然的工作能为他带来成功。

帕金森在乔伊斯·雷诺兹（《时尚芭莎》杂志的编辑）前往他在丹佛街的工作室拜访他时，迎来了职业生涯中最大的转折点。雷诺兹发现墙上挂着一系列她非常欣赏的风景画，于是决定在帕金森身上碰碰运气，委托他在格林公园为1935年4月号的杂志拍摄两名模特穿着春装走秀的照片。这是一个密切的合作关系的开始，也是帕金森时尚摄影的敲门砖。Vogue尤其欣赏他独特的"动作现实主义"摄影风格，帕金森鼓励模特动起来，以给他的作品带来流动性、活力和自然的元素。他也离开了死气沉沉的摄影棚，带着他的相机和模特走出房间，走进真实的世界，这种风格是由摄影师马丁·蒙卡西和让·莫拉尔开创的。这种风格非常成功，帕金森继续与《时尚芭莎》合作，直到1941年，他被说服转投Vogue。帕金森和塞西尔·比顿是当时Vogue仅有的两位英国摄影师。在20世纪40年代后期和50年代，帕金森的摄影作品成为Vogue英美版的特色版面，他不仅创造了新的时尚摄影风格，

还为艾娃·加德纳、凯瑟琳·赫本和伊丽莎白·泰勒等人拍摄了写真。

1952年1月，帕金森被介绍给年轻的奥黛丽·赫本。年仅22岁的赫本当时正在演出由科莱特的中篇小说改编的舞台剧《金粉世界》。赫本在法国南部拍摄一部英法合拍的小电影《蒙特卡洛宝贝》时遇见了与自己同住一个酒店的伯乐——《金粉世界》的作者科莱特。科莱特仅仅看了一眼充满少女气息的赫本就当即宣布："我找到琪琪了！"几个月后，赫本参与的演出好评如潮，而后帕金森受Vogue之托为其拍摄写真。经历了一天漫长的拍摄后，只有一张照片被刊登在杂志上。那是一张黑白照片，只展示了一些赫本在饰演琪琪时的服装细节。帕金森在那一天拍摄了许多时尚的照片，其中有几张照片是第一次在本书发布。其中包括一张彩色照片，与最初刊登在Vogue杂志上的照片相似。帕金森用镜头捕捉到了身着褶边睡衣的赫本的俏皮形象，侧面展现了赫本的妩媚和魅力，这将使她成为有史以来最成功的银幕明星之一。西里尔·休·琼斯在Vogue杂志《聚焦》栏目发表的一篇文章指出，有一份来自派拉蒙影业公司的大合同正在等待着赫本，那就是《罗马假日》的合同。

与此同时，帕金森——人们更愿称他为"帕克斯"（Parks）——正在通过自己的努力和艺术天赋来塑造一个独特形象。帕金森个子很高，他经常

赫本在法国南部拍摄一部小成本电影《蒙特卡罗宝贝》时遇见了她的伯乐——作家科莱特小姐，她们住在同一个酒店。当科莱特第一眼看见这位少女的时候，她就笃定地说："我找到琪琪了！"

戴着一顶克什米尔婚礼帽①工作，他相信这可以给他带来好运。他还能在拍摄时营造一种轻松的氛围，这也使他越来越有魅力。帕金森也是最早一批去外国取景的摄影师。

进入摇摆的 20 世纪 60 年代后，帕金森离开了 Vogue，在重新发行的《女王》杂志担任副主编和特约摄影师，该杂志旨在吸引更年轻、喜欢时尚的读者。帕金森是与时俱进的大师，现在他发现自己的职业生涯有了新的方向，于是投身于不断变化的时尚和音乐领域，这将给文化领域带来革命性的变化。他曾为披头士和滚石乐队拍摄照片，并将徐姿、西莉亚·哈蒙德和吉尔·肯宁顿等模特塑造成大众偶像。

到了 20 世纪 60 年代末，帕金森的风格受到人们的赞赏，他被委托为威尔士亲王的授勋仪式拍摄照片，并制作了安妮公主 19 岁生日时骑马穿过温莎大公园的照片。此后，他多次在公开场合和私下里为王室拍摄照片。塞西尔·比顿是深受王室青睐的摄影师，也是帕金森的劲敌。比顿说："在为王室拍摄上，他自己完全掌握了这项工作。"随着 20 世纪 70 年代的到来，帕金森再次带着他的时尚摄影走上街头，这一次是去遥远而富有挑战性的地方。他甚至在苏联为瑞莉·霍尔拍摄过照片。1981 年，由于帕金森在摄影方面的贡献，英国女王伊丽莎白二世授予他大英帝国勋章。然而，他对退休并不感兴趣，他的工作没有停歇（后为《小镇乡村》杂志工作），并有幸在特伦斯·佩珀的策划下于英国国家肖像馆举办了一场大型回顾展。他将自己的热情燃至生命的最后一刻，1990 年 2 月 15 日，他在马来西亚拍摄，染病后不幸去世。

① 克什米尔婚礼帽，又称塔基帽，是阿富汗和巴基斯坦的穆斯林常常佩戴的一种帽子。

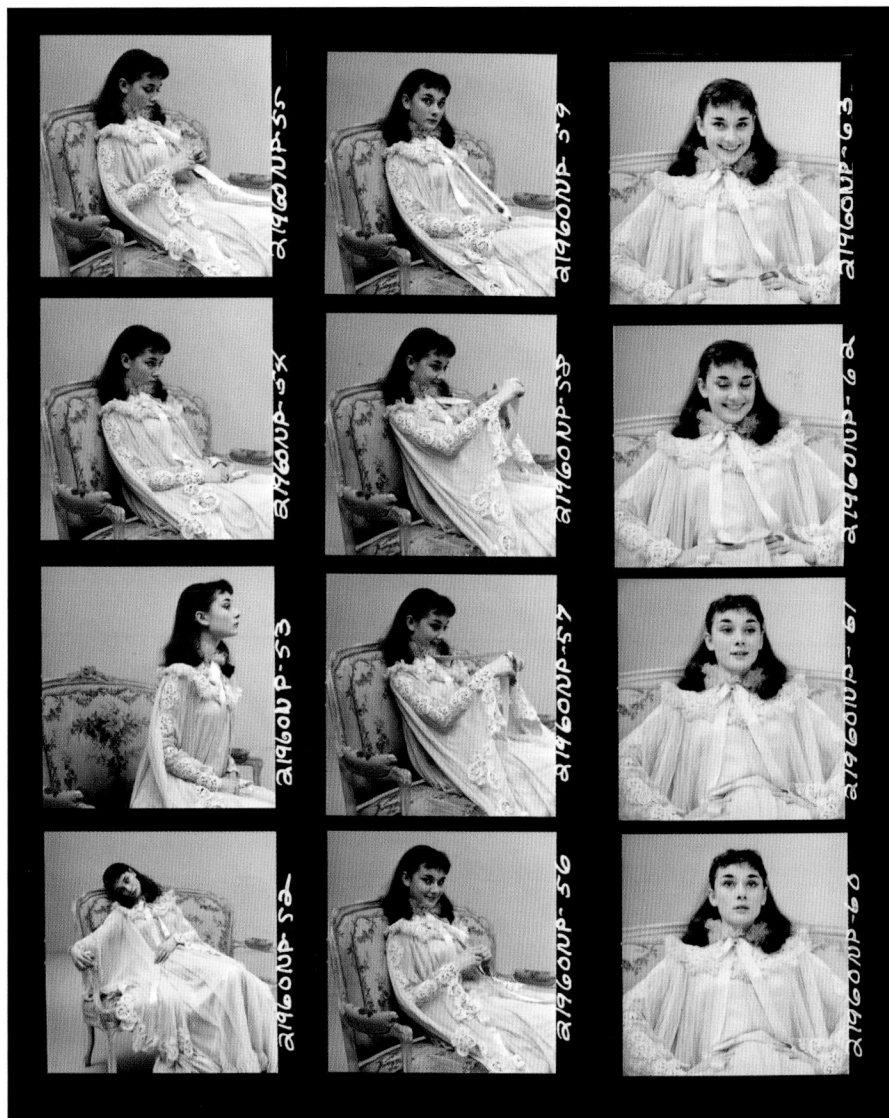

1952 年，赫本出演《金粉世界》后首次与帕金森合作。其中一张照片刊登在英国版 *Vogue* 1952 年 3 月号上。

（赫本）正在和百老汇那些
出色的演员同台演出……
现在，一份派拉蒙影业公司的合同
在静静地等待着她。

英国版 *Vogue* 1952 年 3 月号

派拉蒙提供的第一份合同是赫本出演的第一部美国电影
——《罗马假日》。

与此同时有很多事情正在进行着。这些赫本坐在桌子上的照片就是在那一时期拍摄的，此前从未出版过。

赫本住在意大利被葡萄园
包围的农庄别墅，
养了两只狗、八只猫、
三窝兔子、两只扇尾鸽、
两只小鸽子，还有一只
名叫宾巴的小驴。

Glamour 1955 年 12 月号

1955 年 6 月 23 日，在意大利切齐纳的阿尔班山上的农庄里，诺曼·帕金森第二次见到了
赫本。赫本与梅尔·费勒一起拍摄《战争与和平》的时候，在意大利租下了这个农庄。

帕金森这次拍摄的照片刊登和发表在许多地方，其中左边这幅照片刊登在英国版 *Vogue* 1955 年 9 月号上，以及 *Glamour* 1955 年 12 月号上。赫本的七分格子裤是由奢侈品牌璞琪设计的。

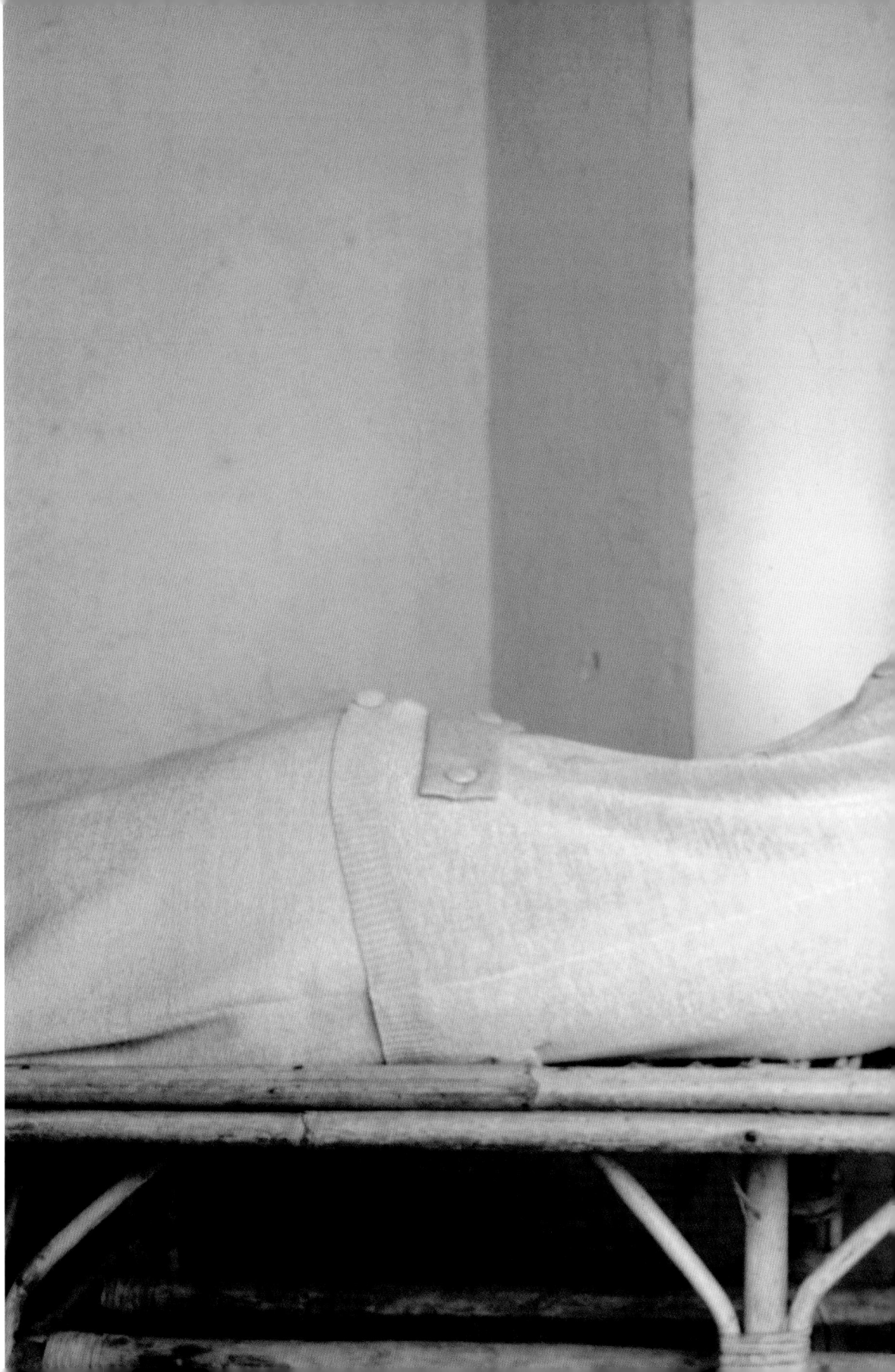

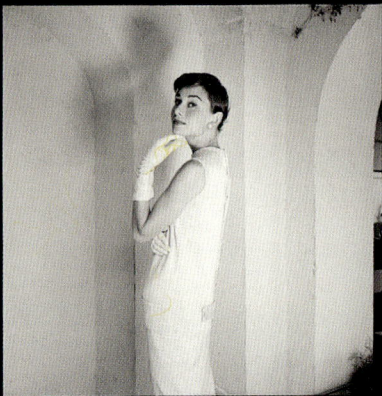

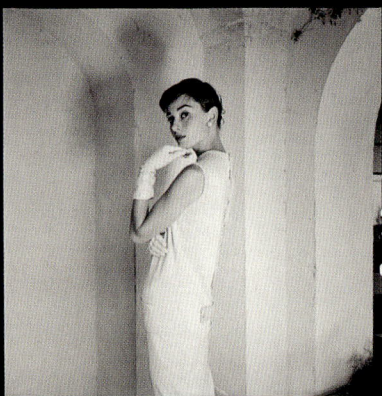

赫本这些身穿长裙的照片在第二次去意大利时拍摄。这张经过彩色渲染的照片
被当作 *Glamour* 1955 年 12 月号的封面。

诺曼·帕金森让年轻的女演员赫本站在紫红色的九重葛前，拍下了这些经典照片。这两套衣服都是 1955 年由纪梵希最高级的服装设计师设计的。赫本手腕上的梵克雅宝珍珠手链，是她的丈夫梅尔·费勒送给她的生日礼物。

她的容貌倾国倾城，
有一头浓密的秀发，性格机敏，
四肢形体似芭蕾舞者般优雅。
赫本重新定义了"美丽"这个词语。

英国版 *Vogue* 1955 年 9 月号

米尔顿·H. 格林

MILTON H. GREENE

米尔顿·H. 格林（1922—1985）第一次与奥黛丽·赫
本合作是在纽约，当时她正在舞台上出演《金粉世界》；
在接下来的几年里，他们将在不同的场合再次合作。

摄影师米尔顿·H.格林在"时尚摄影的黄金时代"声名鹊起。他的时尚摄影和名人肖像使他成为当时最受欢迎的摄影师之一。他的摄影作品悉数刊登在那个时代最受欢迎的出版物上,如《看客》、《生活》、《时尚芭莎》和 Vogue。与其最著名的伙伴和最亲密的朋友玛丽莲·梦露合作拍摄的照片让他得到"彩色摄影的神奇小子"称号。在四年时间里,两人合作制作了两部故事电影,以及超过 3000 张有关于这位传奇女星的照片。

1951 年,在为《生活》杂志工作期间,格林受聘为百老汇热门舞台剧《金粉世界》中的年轻明星拍摄照片。当时 22 岁的赫本穿着她的水手戏服拍摄了一套完美的写真。这位未来的电影巨星在摄影棚里又蹦又跳,摆出各种姿势让格林为她拍照,格林立刻就被她活泼的个性迷住了。作为单身的年轻人,两人之间发生了一段短暂的恋情,并为其一生的友谊打下了基础。

之后的故事我们就非常熟悉了,赫本在 1953 年上映的电影《罗马假日》中饰演女主角,成了超级巨星。那年晚些时候,《看客》杂志将格林安排到了马里布,那时赫本正在那里拍摄电影《龙凤配》。这一组即兴拍摄的写真展示了赫本放松地在加州海滩上休憩、玩弄自己的围巾和嬉笑着用拖把擦拭小屋的形象。这些照片随后刊登在《看客》杂志的"年度女演员"专栏上。

1953 年,梅尔·费勒联系到了格林,想让格林为他和赫本拍摄照片。费勒当时与赫本合演了百老汇舞台剧《美人鱼》。格林安排赫本、费勒与自己及妻子艾米在纽约的工作室共进晚餐。艾米当时怀有她和格林的孩子约书亚八个月了,那时她看起来就像吞下了整个篮球一样。格林作为一个富有魅力的人,让传奇的 21 俱乐部 [①] 为他们提供晚餐。艾米完全知道她丈夫和赫本之前的风流韵事,也知道他们之间亲密的友谊。赫本身着一件全黑连衣裤、

[①] 一个美国传统菜式餐厅和禁酒令时期的前地下酒吧,位于纽约市的第 52 街西 21 号。

羊绒毛衣和羊绒大衣来到格林的工作室，看上去美极了。艾米觉得自己怀有身孕的样子一点也不吸引人，她小声跟赫本说："我觉得自己一点也不漂亮，你可以不要把外套脱下来吗？"一向优雅的赫本答应了艾米的请求，在那一晚她没有脱下自己的大衣。随着晚餐的进行，每个人都展现了自己的幽默感，艾米和赫本也在那一晚种下了友谊的种子。格林也为这对情侣在《美人鱼》的演出中拍摄了许多令人赞叹的照片，可惜的是，这些照片已经下落不明了。

在 1955 年拍摄《战争与和平》期间，赫本与费勒住在罗马山坡上一栋长满了九重葛的迷人的房子里，室外天空的景色十分浪漫。这栋房子充满意大利风情，在室外有一个燃烧木材的火炉和一个壁炉。《看客》杂志安排格林去给这对正在拍摄电影的情侣拍摄照片（格林还带上了他的妻子艾米）。格林和艾米到访的那天，赫本和费勒正在制作意大利风味的面包，从那天起，这种面包也成了格林一家的最爱。

《战争与和平》是在罗马电影制片厂拍摄的。摄影棚里没室内餐厅，取而代之的是一个室外的露天花园，人们可以在那里用餐。不出所料，那天的食物是沙拉和意大利肉酱面。当这两对夫妻正在吃饭的时候，意大利著名导演费德里科·费里尼和他的好朋友导演弗兰科·罗西走了进来。他们二位的到来意味着数不尽的美酒和故事——当天，没有一个人再回到片场工作。

显然，连鸽子都无法拒绝赫本的气质。赫本也无法拒绝这些小家伙，甚至有一对鸽子把家安进了她在罗马的住所。更离谱的是，当赫本搬走时，这对鸽子也选择了离去。这对鸽子在窗台上互蹭胸脯的照片是赫本最爱的一张。

格林受聘去给这位百老汇的
年轻新星拍摄写真。
22 岁的赫本穿着她的水手戏服
拍了一套经典的写真集。

1951 年 11 月，格林为《生活》杂志拍摄照片而前往纽约巴里摩尔剧院。

这位还未成名的电影明星
在格林的摄影棚里又蹦又跳、
笑声不断，摆出各种造型。那时，
格林瞬间被赫本光明的内心
和活泼的性格深深吸引了。

1953 年 9 月，赫本正在拍摄电影《龙凤配》的时候，《看客》杂志派格林前往马里布为她拍摄照片。在赫本位于沙滩旁的小房子周围，格林为她拍摄了一套即兴的写真集。

1955年8月，《看客》杂志再度派遣格林为赫本拍摄写真，不过这次是在意大利，那时赫本与丈夫梅尔·费勒正在拍摄电影《战争与和平》。

赫本与费勒正在制作意大利风味的面包，此后，格林及其家人也爱上了这种面包。

这对可爱的鸽子居住在赫本与费勒的房子里。

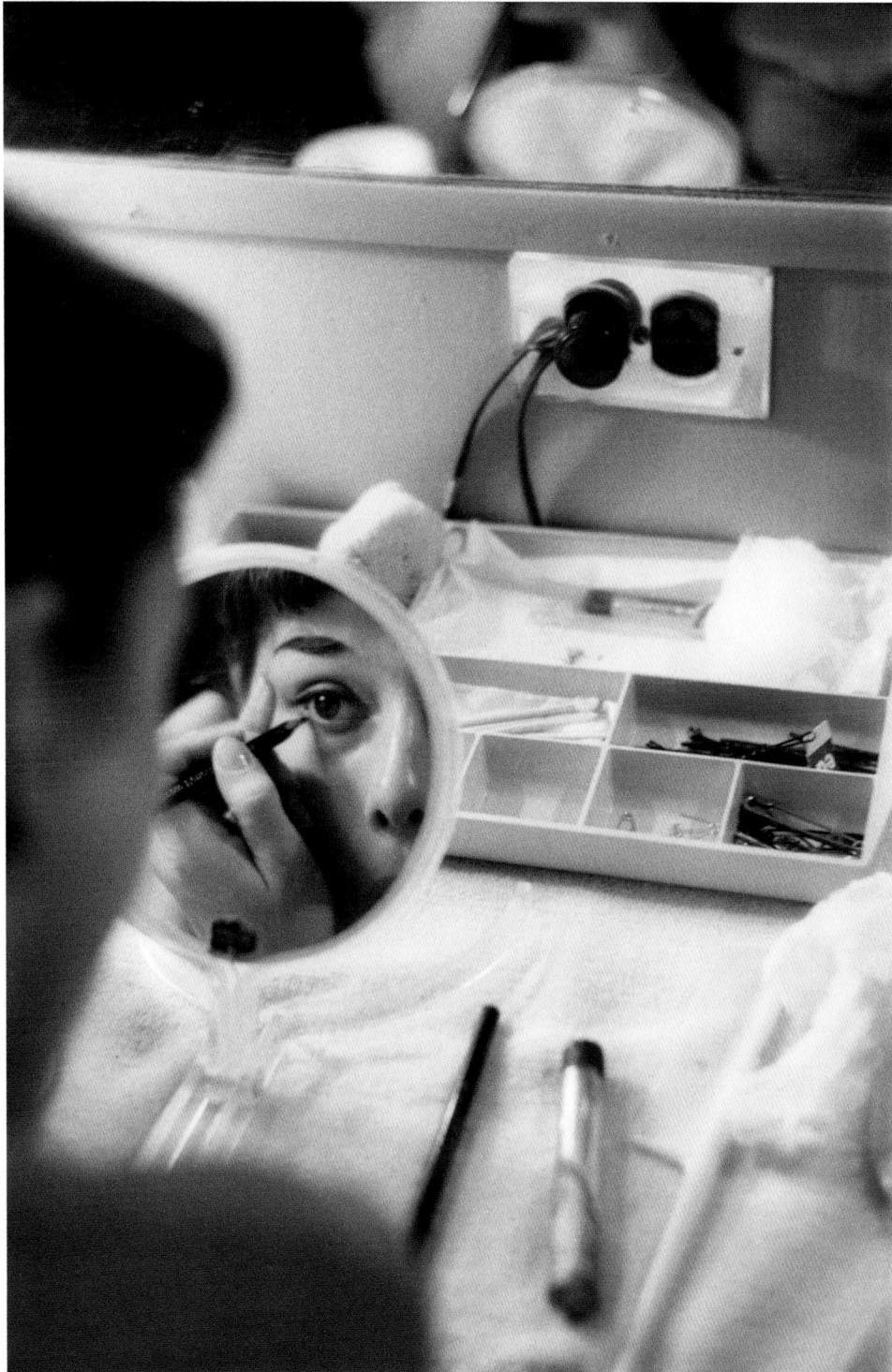

1955 年，格林与
美国航空公司签订了一份
广告宣传合同，
其中包括奥黛丽·赫本和
梅尔·费勒的歌曲。

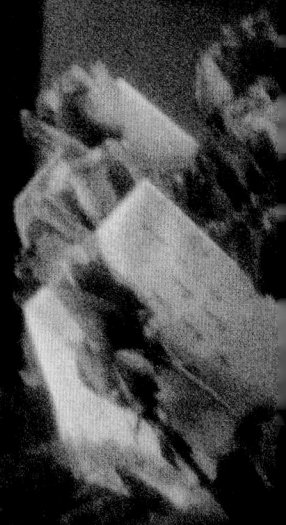

道格拉斯·柯克兰

DOUGLAS KIRKLAND

道格拉斯·柯克兰与奥黛丽·赫本一起为电影《偷龙
转凤》拍摄了一系列经典的照片，10 年后在电影《罗宾
汉和玛丽安》中再度合作。

道格拉斯·柯克兰与奥黛丽·赫本合作过两次。第一次是在 1965 年 11 月，他受邀为犯罪喜剧电影《偷龙转凤》拍摄现场照片而在巴黎待了几周。20 世纪 60 年代，在为玛丽莲·梦露拍摄了"白床单"系列写真集后，柯克兰成为全球最炙手可热的摄影师之一，而巴黎、伦敦和罗马也是当时世界电影不可撼动的中心。"1965 年年末，一切都开始改变了，"柯克兰回忆道，"人们对时尚的品位和态度都发生了转变，每个人都想去欧洲拍电影。"

说话轻声细语的柯克兰从加拿大安大略省的一个小镇搬到纽约时只有 24 岁。他来这座城市的目标是什么？成为一名摄影师。很快，他就成为时尚摄影师欧文·佩恩的助理。柯克兰抓住了这个机会，他学得很快，并在《看客》杂志找到一份工作。1961 年，他的天赋得以展现。当得到和世界上最著名的名媛合作的机会时，他和一丝不挂的梦露只隔着一张丝绸床单和一架摄影机。年仅 27 岁的柯克兰得到出版社的信任，将为《看客》杂志 25 周年特刊拍摄玛丽莲·梦露的照片。柯克兰神奇的镜头捕捉到了梦露的风情万种，这也使他的职业生涯一飞冲天。次年，柯克兰在法国为香奈儿拍摄照片，

当他听到梦露去世的消息时悲痛万分。

三年后，柯克兰收到邀请去拍摄另一个时代的偶像——奥黛丽·赫本。赫本与梦露的成名路径截然不同，而且她们二人的各个方面也都大相径庭，但赫本身上的明星气质却和梦露一样出众。柯克兰应电影界颇有影响力的人物玛格丽特·加德纳的邀约，从纽约飞到巴黎。加德纳曾主管赫本的公关公司罗杰斯·考恩的国际部。这家电影公司需要为杂志封面、广告和新闻报道提供更多的照片，以及更多私下的幕后镜头。加德纳打心底知道，柯克兰的高端摄影技术与赫本的魅力相匹配会产生令人惊艳的照片。赫本与柯克兰的合作注定会取得成功。

"拍摄时赫本的状态一直都很好，"柯克兰回忆道，"她非常专业，总是想着能为摄影师做更多力所能及的事情，这意味着我们的工作节奏非常同步。她总是能准确地找到镜头，也非常清楚什么角度下的自己是最好的。当我们约好拍摄的时间，她总是能准点到达片场，并且一切准备就绪，她的服装和发型完美无缺。她在各方面都很出色，说实话，我希望今天能有更多的奥黛丽·赫本。"

柯克兰非常欣赏赫本的职业精神，这也暗示了

在他的职业生涯中合作的电影明星似乎并不很看重他。赫本的情况则完全相反："她从不让人久等。"赫本无疑是看重这位杰出摄影师的声望的。他的作品以能够捕捉电影明星最放松的时刻而闻名，这使得他的照片能给人带来一种很罕见的亲密感——柯克兰把这归功于他的技巧和他对 35 毫米相机的热爱。

柯克兰回忆道："当时的摄影界有一种趋势，那就是很多摄影师偏爱使用超大镜头，这让他们的照片显得很生硬。我坚持使用 35 毫米的镜头，这是从入行就有的习惯，也是我自己的摄影风格。"

不过，这部电影也不是完全没有问题。在《偷龙转凤》中与赫本搭档的英国男演员彼得·奥图正值事业的巅峰期，柯克兰形容他在拍摄片场就是一个"淘气的男孩"。"他经常在巴黎举办派对，赫本有时会想办法把他留在片场。当然，她总是亲切地做这件事。"

虽然柯克兰的照片已经成为赫本最具标志性的作品之一，也是他职业生涯中最著名的作品之一，但对于《偷龙转凤》的拍摄仍非常具有个人意义。柯克兰在拍摄片场遇到了自己未来的妻子——弗朗索瓦丝。她也将成为他的商业伙伴，两人将在工作和生活中组成一个强大的团队。这对夫妇的婚姻已经持续半个多世纪了。

"道格拉斯是从美国来到摄影棚的，"弗朗索瓦丝回忆道，"他刚刚离婚，有三个孩子。我母亲是这部电影的宣传人员，在他来之前，她告诉我很多女孩打电话来打听他什么时候进城。这让我觉得他某些方面肯定像罗密欧。"

"有一天，我在索邦大学上完课后去办公室看望我的母亲。我正在帮她标记一些联系表，这时道格拉斯进来了。他身材高大，相貌英俊得令人难以置信。他坐在椅子上，把脚放在桌子上，把胳膊放在脑后，很快就睡着了。我猜他肯定是在倒时差。不管怎样，我花了半个小时看着他睡觉，觉得他实在是太帅了。

"他醒来时，伸了伸懒腰，揉了揉眼睛，然后直直地盯着我，说'你想和我一起去吃个晚饭吗？'我吓得说不出话来。我咕哝地说'好的'，他说他稍后会来接我。于是，他带我去吃了晚餐，那晚就是我们浪漫的开始。第二天我和男朋友分手了，我告诉他'我们结束了'。从那以后我和道格拉斯就从未分开过。"

"这真是一段非常愉快的回忆，我们经常说'谢谢你，赫本'，谢谢你让我们相识。"柯克兰补充道。

当然，柯克兰在法国这宝贵的几周里拍摄的照片非常重要，和弗朗索瓦丝的经历也让这部电影成为他最喜欢的电影之一。但他也承认，这部赫本参演的《偷龙转凤》是他参与过最有意义的一个工作项目。

"现在看看这些照片，她身上散发出一种光芒。在我为赫本拍照时，她总是带着这种光芒。"

柯克兰与赫本在理查德·莱斯特导演的《罗宾汉和玛丽安》的片场再次相遇，赫本扮演的玛丽安小姐再次将她活泼的个性和非凡的能力展现得淋漓尽致。1975 年，赫本与肖恩·康纳利一起主演了这部电影，柯克兰前往西班牙纳瓦拉的片场拍摄幕后照片，并为封面照片做准备。

"由于年龄增长，她的光芒已经褪去了一些，但她仍然是一个真正的明星。你仍然可以在一些照片中看到她的个性，例如，她戴着大墨镜的那张，她和肖恩在片场玩得很开心，这一点很明显。"

之后，柯克兰飞回纽约，把作品交给了电影公司。不同寻常的是，他随后被要求飞往当时赫本所在的意大利，亲自给她看这些照片。"他们想得到赫本的认可，"柯克兰说道，"他们认为我是做这件事的最佳人选，当然，也可能是因为这些照片大部分都出自我手。"

柯克兰后来继续拍摄了一些当代最成功的电影，其中包括薛尼·波勒在 1985 年拍摄的浪漫电影《走出非洲》，他和剧组人员在肯尼亚拍摄了 45 天，还有詹姆斯·卡梅隆斩获数个奥斯卡奖的史诗电影《泰坦尼克号》。近年来，他与导演巴兹·鲁赫曼建立了紧密的关系，参与了《红磨坊》《澳大利亚》《了不起的盖茨比》等影片的拍摄。他把这种合作关系的成功归因于导演给他的时间，这也反映出过去 50 年来电影行业的变化。"与巴兹·鲁赫曼的合作非常愉快，我们就像以前一样可以有权限做许多事情。他的电影给我一种回到过去的感觉，这非常罕见。"柯克兰说道。

"那是一个不同的时代，道格拉斯在 20 世纪 60 年代和 70 年代工作的时候，"弗朗索瓦丝解释说，"会有一辆劳斯莱斯汽车到机场接他，住在最好的酒店，公关人员会告诉明星，他们很幸运能请到他来片场。现在，宣传人员都在保护明星，而接触那些明星的途径也不一样了，人们变得更加谨慎。现在，运气好的话，我们能和某人待半天。这已经很不错了，但是你和一个人在一起才两个小时，你就得假装你和他在一起三天了。"

柯克兰也见证了一些"特别"业务管理方式的显著变化。早期，杂志出版社（如《看客》或《生活》）会聘请他去专门的电影片场拍摄照片，随着传统印刷媒体行业的预算紧缩，这些公司也逐渐转型为电影公司，同时他们也深知柯克兰的照片会在全世界广泛出版。

"当杂志社的资金开始减少时，电影公司介入了，因为他们知道，如果雇用我，几乎可以保证《看客》得到一篇关于那部电影的文章，因为我在那里工作了很久。那时候杂志的发行量是 750 万份，所以这是一个很大的免费广告。"柯克兰说道。

这证明了柯克兰的才华，以及他对工作的热情，还有他对不断变化的摄影行业的适应能力，但也许是他与弗朗索瓦丝的合作关系让他在摄影中维持了创造性。

"弗朗索瓦丝从未想过进入摄影的世界，"柯克兰说道，"是我们的关系把她拉进来的，但在一起工作这么多年，感觉是美妙的。"在 20 世纪 60 年代和 70 年代乃至更晚的时候，弗朗索瓦丝进入浮躁和奢华的电影行业，她采取了一种务实的方法，认为成为一个团队是"让我的婚姻继续下去的唯一方法"。这也许是柯克兰创意源泉背后的驱动力，但它的长久和成功显示了他和弗朗索瓦丝的才华、坚韧和激情。

从赫本的照片里就能看出她的天赋。
赫本总能向我展现她
天赋异禀的那一面。
她在镜头下总是那么熠熠生辉。

——道格拉斯·柯克兰

在 1966 年由威廉·惠勒导演的电影《偷龙转凤》的宣传照中，赫本头戴白色毡帽，身着一套纪梵希的白色套装，手里拿着一副 Oliver Goldsmith 超大号的墨镜——这是她在电影开头场景中的造型。

和赫本一起拍摄的时候，
氛围总是欢乐的……
她总是配合我的工作。
她在任何方面的表现都是出色的。

——道格拉斯·柯克兰

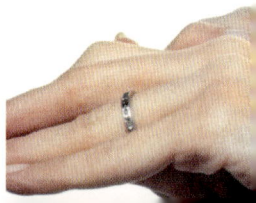

赫本的职业素养

让柯克兰立马折服······

"她一点也没有明星架子"。

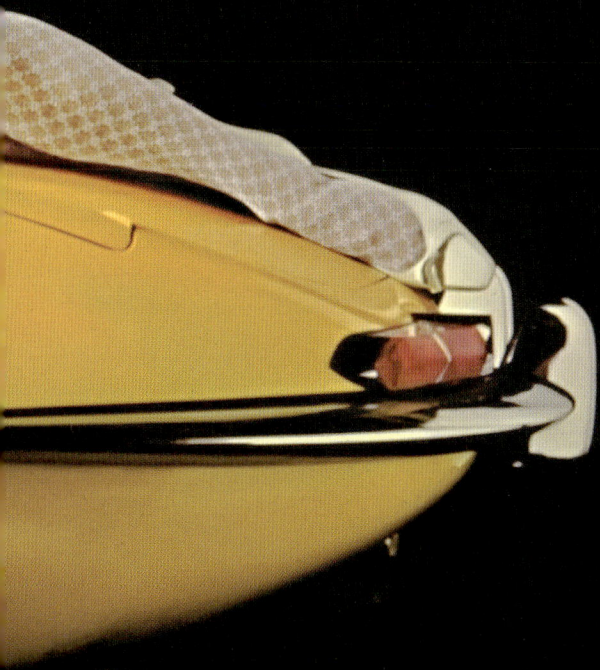

在这张与彼得·奥图一起拍摄的照片里，赫本身
着她经典的纪梵希套装。

在赫本与肖恩·康纳利拍摄《罗宾汉和玛丽安》的时候，柯克兰再次受邀为她拍摄照片。这部电影也成为阔别银幕 8 年的赫本的回归之作。

实话说，我希望今天
能有更多和赫本相处的时间。

——道格拉斯·柯克兰

特里·奥尼尔

TERRY O'NEILL

特里·奥尼尔与赫本合作了两部电影，分别是《偷龙转凤》和《丽人行》。

20 世纪 60 年代初，特里·奥尼尔致力于捕捉定义青年与青年文化、音乐、时尚和电影的图像。"我们想让你去艾比路给这支新乐队拍照！"——这只是让奥尼尔出名的工作之一。那支乐队就是大名鼎鼎的披头士乐队。第二天照片刊登后，报纸迅速被一扫而空。从那时起，奥尼尔多次与披头士乐队、戴夫·克拉克五人组、动物乐队、搜索者乐队和滚石乐队合作。

但在报社工作了四年后，奥尼尔对他的工作感到厌倦，他决心做出改变。"报社要求我去做一起可怕的坠机事件的报道后，我觉得这种新闻记者的工作并不适合我。第二天我把自己的想法告诉了总编，他和我说'没有这份报纸，你的职业生涯就完蛋了'。"

"第二天，我害怕自己犯了一个可怕的错误，就给所有认识的人打电话寻求工作。我现在是自由职业者的消息一传出，我的电话就开始响个不停。电影制片厂开始打电话找专业的摄影师进驻剧组，为电影抓拍一些照片。这对我来说是一个极好的机会，后来我才意识到，跟我合作的都是像迈克尔·凯

恩、特伦斯·斯坦普、伊丽莎白·泰勒、艾娃·加德纳、碧姬·芭铎、拉奎尔·韦尔奇和彼得·塞勒斯这样的明星。我参与了几部早期的'詹姆斯·邦德'电影的拍摄，起初是和肖恩·康纳利合作，之后是罗杰·摩尔。"

在他的职业生涯中，奥尼尔将继续与音乐家和电影明星合作，为包括赫本在内的 20 世纪许多最伟大的名人塑造标志性形象。

"在与赫本合作的两部电影之前，我已经在几部电影的片场工作过了，其中包括《007 之金手指》《伊普克雷斯档案》《春光乍现》《女谍玉娇龙》。我是绝对不会错过和奥黛丽·赫本一起工作的机会的，没有哪个明星比她更闪亮了。"

《偷龙转凤》由威廉·惠勒执导，在法国开机，由赫本与彼得·奥图联袂主演，奥尼尔于拍摄期间在片场待了几天。"我试图捕捉各种可以用于宣传的图像。我为两位主演拍了经典的肖像照，还拿起相机拍了幕后的照片，包括赫本在拍摄间隙休息或重新涂口红的照片。在之前的几部电影中，我对人们想看什么有了一些想法，我试着给制片人和报纸

提供各种各样的图像。"

不久之后，奥尼尔来到圣特罗佩另一部赫本的电影《丽人行》的拍摄现场，这一次赫本与阿尔伯特·芬尼联合主演，由斯坦利·多南执导。当时的流言蜚语都在传赫本与芬尼的恋情。"他们之间肯定有化学反应。我从来没有在片场外真正看到过他们，但在片场他们相处得很开心、很放松。我拍了一些他们在海滩上悠闲玩耍的照片，这些照片都很棒。奥黛丽·赫本总是能抓住你的眼球，事实上，我想我几乎没拍到过赫本不好看的照片。她总是被拍成标志性的、时髦的美女，但她有一种顽皮的幽默感，这使她变得非常活泼。"

特里·奥尼尔偶然间拍摄了赫本最著名的照片之一，即赫本与鸽子的合影。"当时我们都在法国南部的一个花园广场上，等着摄像机到位……这只完美的白鸽突然从天而降，落在她的肩膀上。如果换成别人，肯定会吓一跳，迅速把鸽子赶走。但赫本没有，她知道我在拍照。她一动不动地站着，然后抬头微笑。她完全知道怎样塑造一张伟大的照片。"

在电影的倒数第二个场景中，芬尼开玩笑地把赫本扔进了游泳池。"赫本讨厌水，或者说她很害怕水，"奥尼尔后来回忆说，"但这一幕必须拍完，我记得整个布景，摄像机外有潜水员随时准备救援。我站在泳池的另一边，拍下了一些质量很高的照片，有黑白的，也有彩色的，然后是芬尼把她抱起来扔进泳池的倒数第二个瞬间的精彩镜头。在她迷人的笑容下，她似乎显得很开心，但我想她内心一定很害怕。"

"在幕间休息时，有人安排了一场沙滩板球比赛。赫本跳了进来，抓起球棒开始玩起来。这些出色的照片，记录的不仅是一个美丽的女人，我想让世人看看她在镜头外是什么样子的。她是我共事过的最善良、最慷慨的人之一。她用魅力与品质照亮了一切，镜头下的她没有不完美的时刻。我的工作很简单——只需要在那里按下快门就可以了。我怎么赞美赫本都不为过，我仅仅因为能在那里就感觉很幸运了。"

赫本与威廉·惠勒在电影
《偷龙转凤》的拍摄片
场，这是他们合作的第三
部也是最后一部电影。威
廉·惠勒曾是 10 年前赫
本取得重大突破的电影
《罗马假日》的导演。

著名影视人、喜剧演员杰
克·班尼在片场看望赫本
和彼得·奥图。

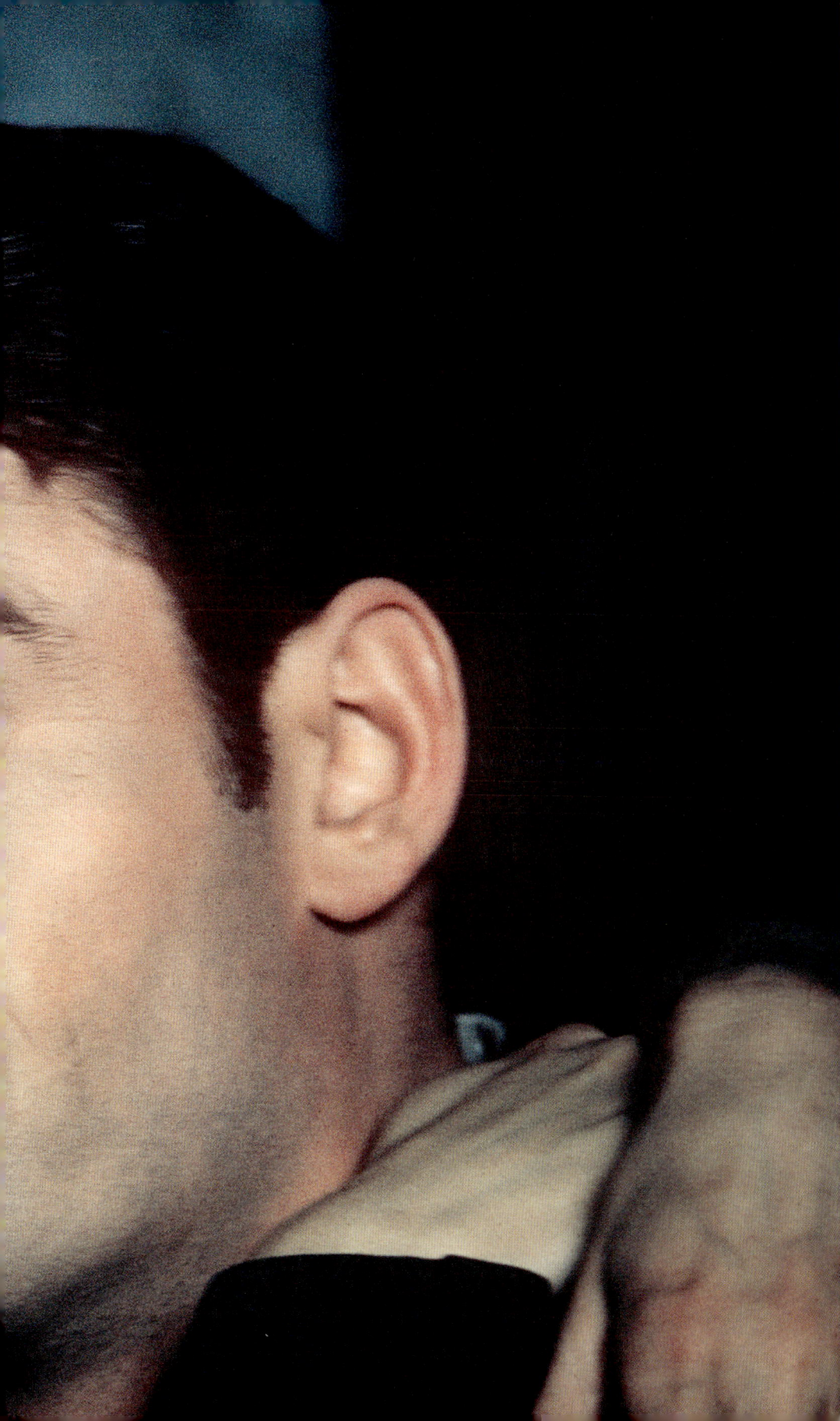

"我觉得他们能产生
很好的化学反应，所
以我找到了赫本，尤
其是她十分好相处。
对我而言，我的任务
就是把赫本的照片带
回来！"

她总是能在我的镜头下
迅速找到非常放松的状态。
她经常看向我，
让我能拍出绝佳的照片。

——特里·奥尼尔

"我想更多地捕捉一些赫本
在拍摄过程中的照片。在导
演大喊'开机'之前，有许
多值得拍摄的东西。赫本在
一个镜头中要擦地板，布置
场景的时候她的助理拿了一
些冰袋为她冰敷。"

223

我在《偷龙转凤》片场
度过了一段美妙的时光。
如果你想找个人陪你待在巴黎，
可能没有人比
奥黛丽·赫本更加合适了。

——特里·奥尼尔

不久后，我被叫去为赫本主演的电影拍摄照片，这一次是在阳光明媚的法国南部。

——特里·奥尼尔

电影《丽人行》由奥黛丽·赫本和阿尔伯特·芬尼主演，斯坦利·多南导演。

赫本在写真中完美无瑕。
在电影的这个场景中她被扔进了
泳池，虽然她非常讨厌被扔进水里，
但具备职业素养的她表现出来的状态
让你根本感觉不到她对此很反感。
她是无与伦比的：
她热爱一切事物。

——特里·奥尼尔

"我之所以喜欢这张照片，或者说这套写真，是因为我注意到我在片场工作越久，越能发现这些伟大的演员都有一种无视自己周遭环境的能力。这张照片看起来是赫本坐在一个安静的泳池边，但实际上镜头外有很多人在来回奔走。"

你没法忽视奥黛丽·赫本。
事实上，我根本想不起她有什么不
好看的照片。

——特里·奥尼尔

这两位演员毫无疑问
产生了化学反应。
不仅在电影里,
你也可以在照片中发现这一点。

——特里·奥尼尔

"我想拍摄一些他们不在摄像机前的照片。""当
片场布置好板球场景的时候，赫本是第一个上
去打的！之前的网球也是如此。我想她十分享
受在片场的时光。她时时刻刻都笑容满面。"

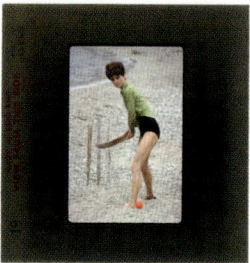

那些非工作状态的时间
是我最感兴趣的。
当他们不知道你在旁边的时候，
你总能抓拍到一些
转瞬即逝的画面。

——特里·奥尼尔

"当我们在等待摄影机布置的时候，一只鸽子落在了赫本的肩头。她知道我要拍照片了，
摆好姿势，一动不动让我来完成拍摄。任何人都可能被那只鸽子吓到，不是吗？"

我对赫本的赞美之词
永远说不完。
我觉得能为她拍摄照片
就是很幸运的事情了。

——特里·奥尼尔

伊娃·瑟伦利

EVA SERENY

在史蒂文·斯皮尔伯格的电影《直到永远》中，赫本饰演了她人生中最后一个电影角色。伊娃·瑟伦利在这位优雅的女演员令人震惊的职业生涯末期为她拍摄了照片。

1989 年夏天，当伊娃·瑟伦利得知可以为史蒂文·斯皮尔伯格的一部电影工作的时候，她想都没想就加入了。瑟伦利此前曾在数个传奇电影（包括《了不起的盖茨比》和《夺宝奇兵》）的片场担任特别摄影师，她很快成为好莱坞那些知名导演的首选摄影师之一。当《直到永远》的制片人弗兰克·马歇尔联系到瑟伦利的时候，她已经迫不及待要开始拍摄了（《直到永远》由史蒂文·斯皮尔伯格执导，翻拍自 1943 年的电影《一个名叫乔的家伙》）。马歇尔与斯皮尔伯格建立了长期的合作关系，之后他们与凯瑟琳·肯尼迪一起创建了非常成功的电影制片公司——安培林娱乐公司。安培林娱乐公司已经制作了《E.T. 外星人》《紫色》《太阳帝国》等大片。马歇尔向她解释道，理查德·德莱福斯和霍利·亨特已经被选为《直到永远》的主角，而作为额外的惊喜，奥黛丽·赫本也将友情出演。瑟伦利回忆道："那可真是个意外之喜。"

瑟伦利花了几天时间在片场进行拍摄，她十分耐心地捕捉着每一个精彩画面。剧组告知瑟伦利，赫本将在第二天来到片场。她扮演的角色名叫哈普，是一名仙女，在整部电影中扮演着指导德莱福斯的角色。这也是她的最后一个电影角色。

"我跟她工作的时间不超过半小时，"瑟伦利说道，"她从车里走出来，我们向她做了自我介绍，她非常平易近人。我在拍摄前总是需要做好万全的准备，起码得先给拍摄对象打好粉底，但这一次和赫本一起，我就直接去拍摄了。她出现了，然后坐在草坪上，拍摄就这样开始了。"

"从某种意义上来说，这次拍摄体验非常奇妙。当她站在两棵树间低头往下看时，我能感觉到她是真的在思考某些事情。我仿佛不在那里，她完全沉浸在自己的世界里。在那一刻，一切都是那么自然，我清晰地记得，我除了请她站起来之外，没有说过任何一句话。"

瑟伦利承认这次拍摄并没有产出太多照片，但她清晰地意识到这些照片的重要性，它们反映且记录了赫本在某段时期的生活状态。"我看到的赫本的照片不是很多，但它们都有一种非常强大的力量，"瑟伦利说道，"这些摄影师在按下快门的那一刻捕捉到了赫本的本质，在某种程度上，我想我现在比当时更感激这些摄影师。以前，我可能会认为这些照片不是很有趣，因为其他摄影师都捕捉到了她性格活泼的一面，但我做了完全相反的事。当我在拍摄的时候，她不是我认识的奥黛丽·赫本，也不是我印象中赫本该有的样子。在我镜头中的，是一个完全不同的人。我现在看着这些照片，惊叹于它们的美好。这些照片对我有着巨大的影响。"

瑟伦利是 20 世纪 70 年代和 80 年代在电影界成名的少数女摄影师之一。她是一名自学成才的摄影师，在丈夫于意大利遭遇车祸后，她拿起了相机，这让她的成就更加令人叹服。瑟伦利不知道丈夫能不能康复，她面临的状况是自己毫无收入，而且还有两个孩子需要抚养。她一直具有创作天赋，因此决定转行从事摄影。

瑟伦利诚实地说道："作为一名没经过专业训练的摄影师，我得感受每一件做过的事情。当我看向被拍摄的对象时，我必须对他们有感觉，才能知道我做的是对的。"在氛围紧张的拍摄现场，这种本能是一种非常不错的资本，瑟伦利喜欢她工作的环境，因为她喜欢身边"有一点热闹"的感觉。她早期参与了迈克·尼科尔斯执导的黑色幽默电影《第二十二条军规》，自那以后，她与费德里科·费里尼等杰出导演合作，1976 年参与了电影《卡萨诺瓦》的拍摄。瑟伦利得在片场来回穿插，以便记录罕见的幕后瞬间，这样就能让观众看见镜头之外的名人演员是什么样子了。同时她的照片制作方式

更为传统，更便于印刷图像，以确保电影的宣传效果。瑟伦利的摄影作品也展示了她的才华，她能迅速发掘被拍摄对象与主题之间的联系。在她的镜头和技巧下，这些照片揭示了比电影片场的精美环境更深层的东西。

随着事业的发展，瑟伦利开始运用这种微妙的手法来拍摄肖像照。她拍摄过的女演员有梅丽尔·斯特里普、拉奎尔·韦尔奇和罗密·施奈德等人，并且她的作品也越来越频繁地出现在如 Vogue、《巴黎竞赛》和《生活》等杂志上。她的成就远不止于此。凭借在电影片场的工作经验，瑟伦利心中的影视梦被点燃，她的第一部短片《裙子》赢得了英国电影学院奖。

如今的瑟伦利已经退休，并于意大利、英国和澳大利亚之间来回游走，当她回顾自己丰富而辉煌的职业生涯时，是《直到永远》的照片和赫本在这位摄影师身上留下了不可磨灭的印记。"在完成外景拍摄工作后，我为自己拍摄了奥黛丽·赫本并参与了这部电影的拍摄工作而感到自豪，但现在我意识到，收获远不止于此。在这些画面中，她有一种超凡脱俗的特质，与她内心的故事遥相呼应。"

"我和赫本只工作了不到半小时的时间，"瑟伦利说道，
"她就那样出现并坐在草地上，工作便开始了。"

我曾经因为给赫本和这部电影

拍摄照片而感到自豪，

但后来我发现，收获远不止于此。

她有一种优雅、缥缈的气质，

能够在镜头中

诉说自己内心的故事。

——伊娃·瑟伦利

摄影师简传

劳伦斯·弗雷德

　　劳伦斯·弗雷德（1926—1983）是一位获奖无数的摄影记者，曾为《看客》、《星期六晚邮报》、《纽约时报》、《大观杂志》和 Vogue 等刊物报道那个时代的政治、社会和艺术新闻。在整个 20 世纪 50 年代和 60 年代，他是富有传奇色彩的纽约图片社 PIX 公司最成功的摄影师。直到 20 世纪 70 年代初，他是为《新闻周刊》拍摄封面最多的摄影师。

　　从"二战"的战场归来后，这位土生土长的纽约人沉浸在剧院的世界里，他十分擅长捕捉事物的本质和主题。他与许多名人建立了亲密的关系，并为如奥黛丽·赫本这样的新星打造经典形象。弗雷德的工作领域十分广泛，除了演员，他的工作还涉及艺术、音乐和政治方面，拍摄题材和对象包括越南战争、路易斯·阿姆斯特朗、乔治亚·欧姬芙、安迪·沃霍尔以及肯尼迪家族等。弗雷德的视野是开创性的，他为现代新闻摄影树立了标准。

　　弗雷德是 ASMP（美国社会杂志摄影师协会）的主席，也是 ImageBank 的联合创始人。他是摄影师权利的捍卫者。他的早逝让他的许多作品在几十年内都不为人知，但他的两个女儿劳伦·弗里德·温德尔和帕特里夏·弗雷德发现了大量原始相片，并且将这些具有历史意义的珍藏妥善保管起来。

诺曼·帕金森

　　诺曼·帕金森 (1913—1990) 是 20 世纪最著名的时尚摄影师之一。他史诗般地开创了故事叙述摄影，使肖像和时尚摄影超越了前辈的刻板和拘谨，给艺术作品注入一种轻松随意的优雅。他的摄影创造了超级名模的时代，使他成为名人、艺术家、总统和首相的首选摄影师。在长达 70 年的职业生涯中，作为一名肖像和时尚摄影师，帕金森凭借其闪闪发光的创造力震惊了世界，并激励了他的同行。

　　帕金森曾为多家出版物工作，其中最著名的有《时尚芭莎》、《小镇乡村》和 Vogue，这让他获得了全球知名度。从 20 世纪 30 年代开创性的主观摄影，到战争年代和充满摇摆风格的 60 年代，再到充满异国风情的 70 年代至 80 年代，在帕金森整个摄影生涯中，他不断突破自己和时尚摄影。在生命走到最后时，诺曼·帕金森已经是一个家喻户晓的名字，他是大英帝国勋章的获得者，是皇家摄影学会的荣誉成员，并且在英国国家肖像馆举办过个人大型回顾主题的展览。他的 50 多万张照片为一个时代提供了重要的历史资料，供人们研究探索。诺曼·帕金森于 1990 年在马来西亚为《小镇乡村》拍摄素材时去世。

米尔顿·H. 格林

1922 年出生于纽约的米尔顿·H. 格林 14 岁就开始摄影，23 岁时被称为"彩色摄影的神奇小子"。其 20 世纪 50 年代和 60 年代的大部分作品都刊登在如《生活》、《时尚芭莎》、《小镇乡村》和 *Vogue* 等国际出版物上。尽管格林最初以他的高级时装摄影而闻名，但他为人们最喜爱的艺术家、音乐家和影视戏剧名人拍摄的非凡的肖像却使他成为传奇。格林与玛丽莲·梦露 50 多次的合作产出了无数无法超越的经典照片。他的摄影作品为他赢得了许多国家和国际荣誉、奖章和奖项，包括来自纽约、芝加哥、洛杉矶、费城、旧金山和底特律的美国平面艺术协会及艺术指导俱乐部的认可。1985 年格林去世后，他的儿子约书亚·格林成立了"档案有限责任公司"(The Archives, LLC)，以保护和修复他父亲的摄影遗产，并为米尔顿·H. 格林档案中的 30 万张照片提供策展服务。近年来，米尔顿·H. 格林的照片和作品在世界各地的主要博物馆及画廊展出，并且有许多作品被私人收藏。米尔顿·H. 格林的摄影作品一直被认为是 20 世纪最具标志性的作品之一。

道格拉斯·柯克兰

　　道格拉斯·柯克兰 60 年来一直站在时尚、新闻和肖像摄影的前沿，为世界知名杂志工作。1961年，作为一名年轻的摄影师，他被指派为玛丽莲·梦露拍摄照片。一天晚上，他在一个封闭的摄影棚里花几个小时拍摄了一组令人惊叹的迷人又暧昧的照片，这组体现了梦露美丽又可人的照片被人赞颂至今。柯克兰出生于加拿大安大略省。他在 20 岁山头加入了《看客》杂志，后来又为《生活》杂志工作。柯克兰的摄影题材十分广泛，从纤美的身材到强有力的肖像照，他不仅为名人摄影，那些臭名昭著的罪犯也是他不想错过的拍摄对象。从新闻摄影到时装秀，他的作品被史密森学会、伦敦国家肖像馆、休斯顿摄影中心和洛杉矶安纳伯格摄影空间永久收藏。

　　柯克兰至今仍受到国际杂志的青睐，并获得了众多机构颁发的终身成就奖，包括含金量极高的露西杰出成就奖和加拿大艺术与时尚奖的杰出成就奖。当他不再全球奔走工作时，他会与自己的妻子兼商业伙伴弗朗索瓦丝在好莱坞山的家中享受生活。

特里·奥尼尔

　　特里·奥尼尔于 20 世纪 60 年代初开始他的职业生涯，当时他为披头士乐队和滚石乐队拍摄了职业生涯初期的照片，并很快意识到关于青年文化的报道将会在全球范围内爆炸性传播。他开始记录在电影、时尚和音乐领域崭露头角的新面孔，其中包括许多后来定义了"摇摆的 60 年代"的巨星。到1965 年，他开始接受世界上最大的杂志和报纸的委托。在漫长而杰出的职业生涯中，奥尼尔与音乐大师（包括弗兰克·辛纳屈、大卫·鲍伊、埃尔顿·约翰）、杰出的政治家、英国王室、国际体育明星和演员（如迈克尔·凯恩和费·唐纳薇）广泛合作，并为几部"詹姆斯·邦德"电影拍摄过布景。奥尼尔的照片曾出现在国际杂志封面、摇滚专辑和电影海报上。

他的作品被英国国家美术馆和世界各地的收藏家永久收藏。2004 年，他被授予英国皇家摄影学会荣誉院士称号，2011 年获得该学会百年纪念奖章。2019 年，在去世前不久，奥尼尔被授予大英帝国勋章，以表彰他对摄影的贡献。

伊娃·瑟伦利

当你试图回想 20 世纪 70 年代和 80 年代的经典电影时，在你脑海里可能会出现许多由特邀摄影师伊娃·瑟伦利拍摄的照片。她曾与一代知名的导演与演员合作拍摄片场的场景，其中包括贝尔纳多·贝尔托卢奇、费德里科·费里尼和弗朗索瓦·特吕弗。

伊娃一生的大部分时间都在意大利度过，她以一组意大利奥委会在学校工作的照片开启了职业生涯，这些照片于 1968 年刊登在《泰晤士报》上。不久之后，她参与了根据约瑟夫·海勒的小说《第二十二条军规》改编的电影的拍摄。这部电影的成功让她的职业生涯延续了很长一段时间，此后她接连为好几部广受好评的电影拍摄剧照，并且为许多出版物拍摄时尚专题和名人肖像，其中包括《星期日泰晤士报》、《巴黎竞赛》、《时尚芭莎》以及 *Vogue*、*Elle*。1984 年，伊娃将注意力转向导演工作，并凭借短片《裙子》获得了英国电影学院奖和芝加哥金匾奖。

图片来源

286

感谢以下人士对本书提供的帮助：

亚历克斯·安东尼（Alex Anthony）、肯达尔·布伦尼曼（Kendal Brenneman）、格雷斯·李（Grace Lee）、伊莫金·里昂（Imogen Lyons）、伊丽莎白·佩图霍娃（Elizabeta Petukhova）、费尔南多·爱德华多·苏萨（Fernando Eduardo Sousa）和夏洛特·蒂希（Charlotte Tighe）。

特别感谢朱莉·费里（Julie Ferry）。

出 品 人：许　永
出版统筹：海　云
责任编辑：许宗华
　　　　　张　奇
特邀编辑：阮　阮
装帧设计：石　英
印制总监：蒋　波
发行总监：田峰峥

投稿信箱：cmsdbj@163.com
发　　行：北京创美汇品图书有限公司
发行热线：010-59799930

创美工厂
官方微博

创美工厂
微信公众号